BRANDT-EISERHARDT

FÄHRTEN- UND SPURENKUNDE

K. BRANDT - H. EISERHARDT

FÄHRTEN-
UND SPURENKUNDE

Ein Hilfsbuch für den Jäger
und für den Naturfreund

Zehnte, neubearbeitete Auflage

Mit 109 Abbildungen im Text und auf Tafeln
zum Teil in natürlicher Größe

VERLAG PAUL PAREY
HAMBURG UND BERLIN

33. bis 42. Tausend

ISBN 3 490 01912 1

Printed in Germany by Buchdruckerei Wilhelm Carstens OHG, Schneverdingen. Umschlaggestaltung: Jan Buchholz und Reni Hinsch, Hamburg

INHALT

EINFÜHRUNG

An den Fährten, Spuren und Geläufen die Wild- oder Raubwildart festzustellen, die im Wald oder Feld wechselte oder in beiden lief, ist für den Naturfreund von Interesse. Für den Jäger aber ist das geradezu eine Notwendigkeit. Man kann dabei mit großer Sicherheit, sogar mittels des Trittes oder Trittsiegels, wie ich es nenne, die eine Art von der anderen artverwandten unterscheiden, z. B. Fuchs und Wolf von gleichstarken Hunden, die Wildkatze von der Hauskatze und den Baummarder vom Steinmarder. Ja, es kann sogar beim Unterscheiden der einen von der anderen Art das Trittsiegel eine größere Rolle spielen als die Spur, und zwar nicht nur bei verwandten, sondern sogar bei weit voneinander verschiedenen Arten, z. B. bei Hase und Fuchs. In voller Flucht stehen beide oft genau überein, doch erkennt man den Hasen im allgemeinen sofort daran, daß die vor den Vorderpfoten stehenden Hinterpfoteneindrücke die stärkeren sind. Bei Tauwetter kann sich das jedoch ziemlich ausgleichen. Ich habe schon eine flüchtige Fuchsspur gesehen, die einer in der Nähe stehenden Hasenspur derart glich, daß sich ein oberflächlicher Beobachter hätte täuschen lassen. Ein einziges Trittsiegel in der Fuchsspur verriet aber sofort die Herkunft. Aus diesen Gründen lege ich in diesem Buch auch das Hauptgewicht, soweit es nötig ist, auf das Trittsiegel jeder Art und darauf, wie man an diesem die gleich starken anderer Arten unterscheiden kann.

Aber wenn auch nicht jedes, so hat doch manches Wild auch sonst noch Eigentümlichkeiten, durch die es seine Anwesenheit im Revier verrät. Auch auf diese mache ich den Leser aufmerksam, auch wohl kurz auf naturwissenschaftlich strittige Punkte oder solche Tatsachen aus den Lebenserscheinungen, die in Verbindung mit der Spuren- und Fährtenkunde interessieren.

Das eine oder andere, das eine größere Anzahl von Wildarten in der Fährte oder Spur gemeinsam hat, sei gleich hier besprochen.

Die gewöhnlichste Spur ist die Hasenspur. Ihre Art und wie sie gesetzt wird, findet sich bei den meisten Wildarten wieder, wenn auch wohl einmal in etwas verschobener Form. Der Hase setzt bei allen Gangarten die beiden Vorderläufe in der ungefähren Fluchtrichtung voreinander, die Pfoten der Hinterläufe überfliehen dann, je flüchtiger er ist, desto weiter, die beiden Vorderpfoten und stehen etwas seitwärts, die eine links, die andere rechts von der Fluchtlinie, doch meistens etwas schräg, weil die eine Hinterpfote ein wenig weiter als die andere gesetzt wird, also so: • • ⁚ . Diesen „*Hasensprung*“, wie ich ihn nennen will, haben auch in der Flucht Rotwild, Rehwild, Damwild, Sauen, Gams, Muffel, Fuchs, der Hund zuweilen, die beiden Katzen- und Marderarten. Allerdings verschieben sich öfter bei den meisten Wildarten die Tritte mehr oder weniger, so daß z. B. neben dem echten Hasensprung auch der eine Tritt des Hinterlaufes mit den etwas schräg gestellten der beiden Vorderläufe eine gerade Linie bildet: ⁚ ⁚ , doch ist immer die Grundform leicht herauszufinden.

Das Eichhörnchen und der Iltis, dieser aber nur in der Flucht, haben eine Trittfolge, die sich bei anderen Wildarten nicht wiederfindet. Sie setzen nämlich die beiden Vorderpfoten nebeneinander und überfliehen diese mit den Hinterpfoten so, daß die Spur aus sich folgenden vier, je zwei und zwei im rechten Winkel zur Fluchtlinie stehenden Tritten besteht, von denen die vorderen, also die der Hinterpfoten, weiter auseinanderstehen als die hinteren Vorderpfoten: ⁚ ⁚

Die gewöhnliche Fortbewegungsart der Marderarten, der Iltisse und der Wiesel ist der Paartritt. Sie setzen die Vorderpfoten nebeneinander, eine wird aber der Regel nach etwas vorgesetzt, und die Hinterpfoten treten gewöhnlich in die Tritte der Vorderpfoten. Aber häufig bleibt die eine oder andere auch etwas zurück, oder eine Hinterpfote überflieht auch wohl um etwas die eine Vorderpfote. Alle genannten Arten wechseln häufig mit Vorsetzen der linken und rechten Vorderpfote beim Paartritt, nur der Marder nicht. Bei sämtlichen Spuren, die ich beobachtet und weit verfolgt habe, war stets die rechte Vorderpfote vorgesetzt.

Noch eine Trittfolge sei beschrieben, die ich aber nur bei Damwild, Fuchs und Dachs beobachtet habe, die aber möglicherweise gelegentlich auch bei anderem Wild vorkommt. Diese Wildarten setzen den Vorderlauf etwas vor und den Hinterlauf derselben Seite etwas zurück, während seitwärts von diesen die Schalen oder Pfoten der anderen Seite dichter zusammenstehen, so daß folgendes Trittbild entsteht: ⁚ ⁚ Diese Trittfolge machen Fuchs und Dachs in vollster Flucht, jedoch nur wenige Fluchten hintereinander, und das Damwild bei einer ganz bestimmten Gangart.

Auf das Gesagte komme ich bei Beschreibung der einzelnen Arten zurück.

Grundsätzlich sei ferner gesagt, daß die Schalen und Pfoten der Vorderläufe bei den hier in Betracht kommenden Wildarten stärker sind als die der Hinterläufe. Von dieser Regel machen nur die zu den Nagetieren gehörenden Arten eine Ausnahme, also Hase, Karnickel, Eichhorn und Biber und, nach meinen Pfotenmessungen, auch die Wildkatze, mindestens sind bei ihr aber die Hinterpfoten gleich stark wie die Vorderpfoten.

Ähnlich wie Arten, die denselben oder auch verschiedenen Familien angehören und beim Flüchten gleiche und ähnliche Trittbilder ausprägen, haben auch öfter Arten aus verschiedenen Familien dieselben oder sich ähnelnde sonstige Gewohnheiten, durch die man auf ihren Stand oder Wechsel aufmerksam gemacht wird. Verschiedene Hirscharten plätzen und schlagen, hauptsächlich in der Brunftzeit, Rotwild und Sauen suhlen sich und malen. Besonders merkwürdig ist aber die Gewohnheit vieler Raubwildarten, so von Wildkatze, Hauskatze, Steinmarder, Iltis und dem Großen Wiesel, vor allem aber vom Edelmarder und Fuchs, hin und wieder ihren Beutetieren die Köpfe abzuschneiden. In seltenen Fällen macht das gleiche sogar der Hund. Wahrscheinlich geschieht das aus folgenden Gründen. Man weiß, daß für die Raubtiere, besonders die Marderarten, der Schweiß und das Gehirn ganz besondere Leckerbissen sind. Sie lecken ihren Opfern deshalb auch meistens zuerst den Schweiß an der Halsschlagader ab oder den, der durch einen Biß in das Genick hier läuft, wodurch sie gleichzeitig ihre Beute töten. Man sagt auch „saugen", weil das Schlürfen des aus den Adern hervorlaufenden Schweißes mit herangepreßtem Fang geschieht, was wie Saugen aussieht. Beobachtet ist, daß sie dann als zweiten „Gang" den Kopf fressen. Ist der Räuber aber schon gesättigt, wenn er das Beutetier reißt, so schneidet er ihm nur den Kopf ab und verschleppt ihn in eine Deckung, damit ihm wenigstens später das Gehirn verbleibt. Das aber wird alles nur angenommen, bewiesen ist es bis heute nicht.

FÄHRTE UND SPUR

Um genau zu wissen, um was es sich bei Beschreibung der Fährte oder Spur handelt, seien alle Teile, auf die es in diesem Buche ankommt, mit ihrem waidmännischen Namen bezeichnet, oder aber von den Teilen, die keine waidmännische Benennung haben, ein Ausdruck festgestellt.

Afterklauen, Geäfter oder Oberrücken: die kleinen, hornigen Auswüchse, die beim Schalenwild an den hinteren Teilen der Läufe etwas über den Schalen sitzen und verkümmerte Reste in früheren Zeitperioden vorhanden gewesener eigentlicher Zehen sind. Der gebräuchlichste Ausdruck für das zur Hohen Jagd gehörende Wild und das Reh ist: „Geäfter". „*Afterklauen*" nennt man aber auch die mitunter an den Hinterläufen etwas höher sitzenden fünften krallenartigen Zehen von Jagdhundwelpen. Sie müssen im Wurflager abgeschnitten werden.

Aftern: das Geäfter in der Fährte etwas hinter den Schalen abdrücken.

Außenzehenballen: die Ballen der Zehen, die, mit der Hand verglichen, „kleiner Finger" und „Zeigefinger" heißen würden, also des Geäfters.

Ballen:

1. der hintere untere, etwas gewölbte und elastisch-gummiartige Teil der Schalen;
2. die erhabene Wölbung unter dem hinteren Teil der Pfoten des zur Niederen Jagd gehörenden eßbaren Haarwildes und des Raubwildes, die in diesem Buche aber meistens „Pfotenballen" zum Unterschied von Zehenballen genannt werden.

Branten: Füße des Fuchses, Dachses und der Marderarten.

Fährte: die Reihenfolge der Eindrücke, die im Boden von dem zur Hohen Jagd gehörenden eßbaren Haarwild und dem früher in einigen Ländern zur Mittleren, heute zur Niederen Jagd gerechneten Rehwild durch Auftreten mit den Schalen beim Ziehen usw. gemacht sind.

Gehen: provinziell für Ziehen usw.

Klauen oder Krallen: die Nägel des zur Niederen Jagd gehörenden eßbaren Wildes und des Raubwildes.

Mittelzehenballen heißen die beiden Ballen der Mittelzehe und des „Ringfingers", schlechtweg Ballen.

Nageln: Krallenspuren im Boden eindrücken.

Oberballen: die Ballen, die bei verschiedenem Raubwild ungefähr dort an der hinteren Seite der Vorderläufe sitzen, wo beim Schalenwild der äußere Teil des Geäfters steht, bei anderen aber auch hinten in der Pfotensohle der Vorderpfoten liegen.

Pfoten nennt man die Füße des Hasen, des Karnickels und des Eichhorns. Dagegen bezeichnet man die des behäbigen Dachses immer mit Branten.

Pfotenballen siehe Ballen 2.

Pfotensohle: der untere Teil der Pfoten, also der, der die Erde berührt.

Schalen: die hornigen Teile unten an den Läufen des bei Fährte genannten Wildes. *Schale:* die eine Hälfte der Schalen.

Schnüren: wenn die Tritte in einer Linie stehen, also so (Abb. 1); das tun sie aber nur ausnahmsweise einmal, und deshalb ist auch die Bedeutung des Ausdrucks etwas erweitert, so daß man darunter auch versteht, wenn die inneren Seiten der Tritte eine gedachte gerade Linie berühren (Abb. 2). Die Abb. 3 zeigt das Schnüren im Übergang zum Schränken, während die Abb. 4 das Schränken in der Vollendung zeigt. Dabei soll zugegeben sein, daß man dies am besten bei einer frischen Neue, also gutem Spurschnee, oder auf sandigem Wege feststellen kann.

Abb. 1. Schnüren

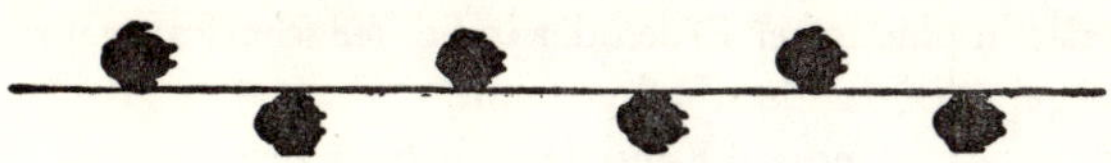

Abb. 2. Schnüren

Abb. 3. Schnüren, Übergang zum Schränken

Abb. 4. Schränken

Beim *Schränken* stehen also die Tritte im Zickzack, der Zwischenraum zwischen den Tritten und der gedachten geraden Linie ist also mehr oder weniger groß.

Bei dem hier gegebenen Spurenschema, das auch für Fährten in der Stellung der einzelnen Tritte zueinander paßt, sind die Tritte für ihre Größe zu nahe beieinander gezeichnet; es soll auch nur klarmachen, wie ich die Fährten und Spuren bei den verschiedenen Wildarten genannt habe, oder wie sie meiner Ansicht nach genannt werden müssen. In der idealen Weise, wie das Schnüren in Abb. 1 gezeichnet ist, kommt es nur ausnahmsweise und dann meistens auch nur eine kurze Strecke vor. Es ist besonders gut bei der Fuchsspur im hohen Schnee erkennbar.

Sohle: der hintere Teil des Hinterlaufs von den Hessen abwärts.

Spur: Die Reihenfolge der Eindrücke im Boden, die bei der Fortbewegung von den Pfoten des zur Niederen Jagd gehörenden eßbaren Haarwildes, von denen des Raubwildes und von den Branten des Bären und Dachses gemacht sind. Vielfach wird aber auch von der Fährte des Bären gesprochen, und ebenso von der des Wolfes und Luchses, also von allem zur Hohen und Mittleren Jagd gehörenden Raubwild. Ich möchte diesen Ausdruck aber nicht gebrauchen, weil nach G. L. HARTIG die Fährte bei allem Raubwild Spur genannt wird.

Tritt: der einzelne Schalen-, Branten- und Pfotenabdruck. Im Gegensatz zum „Tritt“ des niederen Federwildes. Bei ihm heißen bekanntlich die Füße „Tritte“, bei Ente und Gans „Ruder“.

Trittbild: Die Figur, die beim Vorwärtsbewegen des Wildes durch je einen Tritt der vier Schalen oder Pfoten gebildet wird.

Trittsiegel: der in plastischer Erde oder in Schnee scharf ausgeprägte Tritt, auch Insiegel oder das Petschaft genannt.

Wand oder Sensel: der untere Rand der Hirschschalen.

Zehen: die Zehen des zur Niederen Jagd gehörenden Haarwildes und des Raubwildes.

Zehenballen: der untere, schwielige Teil der Zehen. Von diesen heißen: der des Daumens, der nicht bei allen Trittsiegeln in Betracht kommt, „Daumenballen“, die der beiden mittleren Zehen „Mittelzehenballen“ und die der beiden äußeren Zehenballen „Außenzehenballen“. Wird aber von jedem Zehenballen einzeln gesprochen, so nenne ich ihn kurzweg nach den Fingern der Hand, z. B. „Zeigefingerballen“.

DAS ROTWILD

Beim Hirsch wird der Wechsel, den er abends und morgens in der Dämmerung hält, und sein Standort in erster Linie durch die Fährte bestätigt. Wenn aber der Boden trocken und hart ist, vielleicht sogar felsig, dann ist es unmöglich, nach der Fährte festzustellen, wo der Hirsch zieht. In diesem Fall hat man noch eine ganze Reihe anderer Zeichen.

ZEICHEN AUSSERHALB DER FÄHRTE

aus denen der Wechsel des Hirsches zu erkennen ist und sogar auf seine Stärke Schlüsse gezogen werden können. Diese Zeichen seien hier zuerst behandelt.

1. *Das Fegen.* Der Hirsch pflegt an seinem Wechsel entlang den Bast an Sträuchern und Bäumen vom Geweih zu fegen (Ende Juli). Wenn dies geschehen ist, beginnt

2. *Das Schlagen*, das heißt, er reibt und schlägt aus Mutwillen in der Feistzeit am Wechsel oder auch an den Äsungsstellen, aus Erregung in der Brunftzeit auf dem Brunftplatz (Brunftschlag), aber hin und wieder auch noch später fast bis zum Abwerfen sein Geweih an jungen Stämmen, die dem Schlag noch nachgeben. Je dicker diese Fegebäume sind und je höher hinauf von ihnen die Rinde abgeschlagen oder gescheuert ist, desto stärker sind in der Regel der Hirsch und sein Geweih.

3. *Die Suhle.* Es suhlen sich zwar Hirsche und Kahlwild, aber der Hirsch drückt öfter beim Suhlen auch einen Teil seines Geweihs am Rande der Suhle im weichen Boden ab, wenn er lang ausgestreckt in ihr liegt. Ein gutes Zeichen, das oft zur Bestätigung führt.

4. *Das Scherzen.* Der Hirsch forkelt aus Mutwillen oder Wut mit dem Geweih in der Erde, reißt sie auf und schleudert dann die gelockerten Heide- oder Rasenstücke oder auch Erdklöße in die Luft. Scherzen nennt man es auch, wenn die Hirsche in der Feistzeit die Geweihe beim Spiel ineinanderschieben.

5. *Das Wimpelschlagen.* Der Hirsch schlägt öfter mit den Läufen und dem Geweih die Ameisenhaufen auseinander.

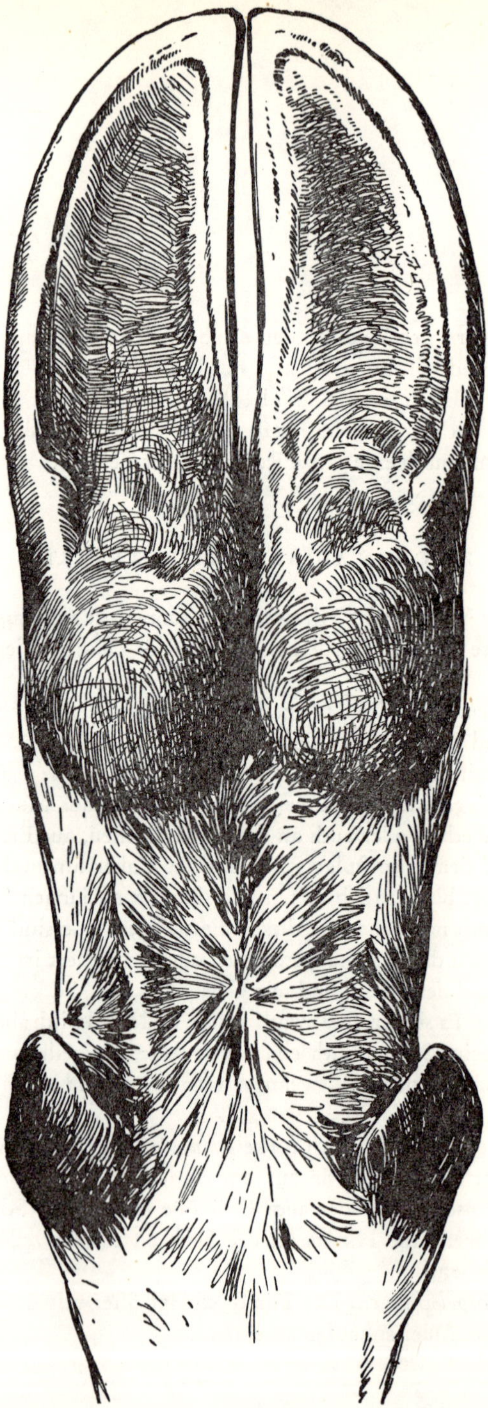

Abb. 5. Schalensohle eines Hirsches von 14 Enden (nat. Größe)

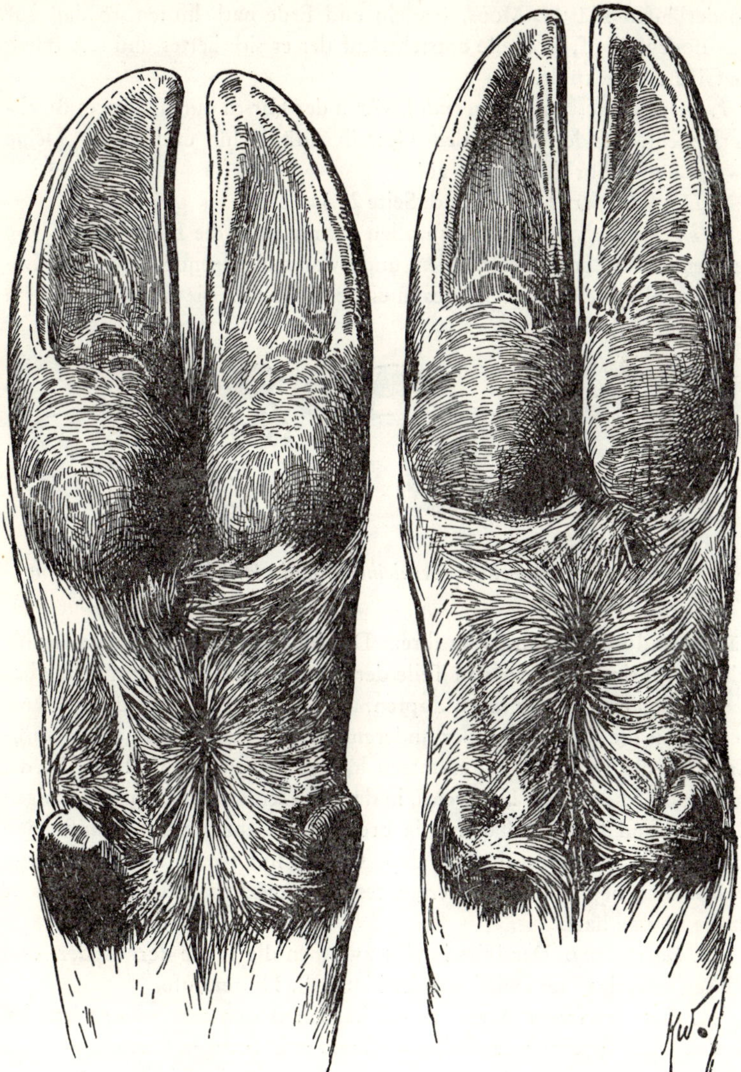

Abb. 6 u. 7. Schalensohle eines Alttieres (natürliche Größe)
vom Vorderlauf *vom Hinterlauf*

6. *Das Plätzen.* In der Brunftzeit plätzt der Hirsch; er scharrt mit den Vorderläufen Blätter, Moos, Nadeln und Erde nach hinten, so daß auf dem Boden eine freie Stelle entsteht, auf der er sich bettet und sich durch die frische Erde kühlt.

7. *Die Himmelsspur (Gewende).* Wenn der Hirsch durch höheres Buschwerk zieht, wendet er mit dem Geweih zufällig hin und wieder kleine Zweige um und bricht sie auch ab.

8. *Der Schloßtritt.* (Siehe auch Seite 22.)

9. *Die Losung.* Man kann zu allen Jahreszeiten die Hirschlosung von der des Kahlwildes unterscheiden, und zwar auf folgende Weise: die Losung zerfällt wie die des Schafes in einzelne Beeren. Sie sind beim Hirsch

Abb. 8. Losung des Rotwildes (verkleinert). Links Hirsch-, rechts Tierlosung

stärker und im Verhältnis zu ihrem Durchmesser kürzer als beim Kahlwild. Auch sind die einzelnen Teile der Hirschlosung eichelförmig; sie haben an dem einen Ende einen Zapfen, am anderen eine napfförmige Vertiefung, in die der Zapfen der anderen Beere hineinpaßt, so daß manchmal auch mehrere Beeren zusammen hängenbleiben. Im Frühjahr ist die Losung bei Hirsch und Tier weich, in der Feistzeit hat sie einen schleimigen Überzug und fällt oft fladenartig breiig, wird aber in der Brunft beim Hirsch hart und unregelmäßig und, weil er nur wenig äst, kleinbeerig, während sie beim Tier langbeerige, feste Sommerform behält. Im Winter ist die Losung hart.

10. *Das Nässen.* Der Hirsch näßt zwischen die Tritte der Vorder- und Hinterläufe, das Tier zwischen oder hinter die Hinterläufe.

11. *Der Teerbaum.* Wenn es bei hartem Boden sehr schwer ist, den Wechsel des Hirsches auszumachen, pflanzt man Stangen dorthin, wo man den Wechsel eines Hirsches vermutet, und streicht die Stangen mit Holzteer an. Der Hirsch nimmt solchen Teerbaum, wenn er ihn windet, sofort an, schlägt an ihm mit dem Geweih und scheuert den Hals an ihm. Steht der Teerbaum nicht fest in der Erde, so wird er mit dem Geweih herausgerissen.

Stephan Behlen kennt auch im 1840 erschienenen Real- und Verbal-Lexikon die Teerlecke, eine Sulze für den Edelhirsch aus flüssigem Teer. Hieraus scheint hervorzugehen, daß Holzteer eine gewisse Anziehungskraft für den Hirsch hat, also sozusagen eine Hirschwittrung ist.

ZEICHEN IM TRITTSIEGEL

Das Ausmachen des Wechsels eines Hirsches geschieht aber hauptsächlich nach der Fährte. Schon viele Jahrhunderte lang hat man großes Gewicht auf die Kunst gelegt, die Fährte des Hirsches von der des Tieres unterscheiden und nach der Fährte die ungefähre Stärke des Hirsches ansprechen zu können. Hauptsächlich mußte der „Besuchsknecht“ genannte Jäger hierin bewandert sein, weil er es beim Bestätigen mit dem Leithund verstehen mußte, den Hirsch, der parforce gejagt werden sollte, möglichst genau nach Endenzahl oder Kopf nach der Fährte anzusprechen. Er mußte also feststellen, ob er stark genug, d. h. jagdbar war. Natürlich hat sich auch der Pürschjäger diese Kunst angeeignet und vielleicht sogar noch weiter ausgebildet, so daß man schließlich 72 Zeichen gefunden hatte, nach denen man mehr oder weniger sicher den Hirsch vom Tier zu unterscheiden vermochte, oder die Hirsch und Tier gemeinsam haben. Georg Ludwig Hartig bringt sogar in seinem Lehrbuch für Jäger 1811 eine Tabelle, in der er nach der Breite des geschlossenen Trittes des Vorder- und Hinterlaufs und der Weite des Schrittes die Endenzahl anzugeben versucht. Der Vollständigkeit halber lasse ich diese Tabelle und die dazugehörige Zeichnung mit der Bemerkung folgen, daß sie nach vielen im Württembergischen gemachten Untersuchungen aufgestellt worden ist. Hartig weiß trotzdem sehr

Rotwild hat als	eine Breite der Fährte des Vorderlaufs von cm	eine Breite der Fährte des Hinterlaufs von cm
Kalb im Sommer	3,2	3
Kalb im Herbst	3,7	3,3
Schmaltier im Sommer	4,5	4,2
Spießer im Sommer	4,7	4,4
Gabelhirsch und Alttier	5,1	4,6
Hirsch von 6 Enden	5,3	4,8
Hirsch von 8 Enden	5,5	5
Hirsch von 10 Enden	5,7	5,3
Hirsch von 12 Enden	6,5	5,8
Hirsch von 14 Enden	6,8	6
Hirsch von 16 Enden	7	6,5

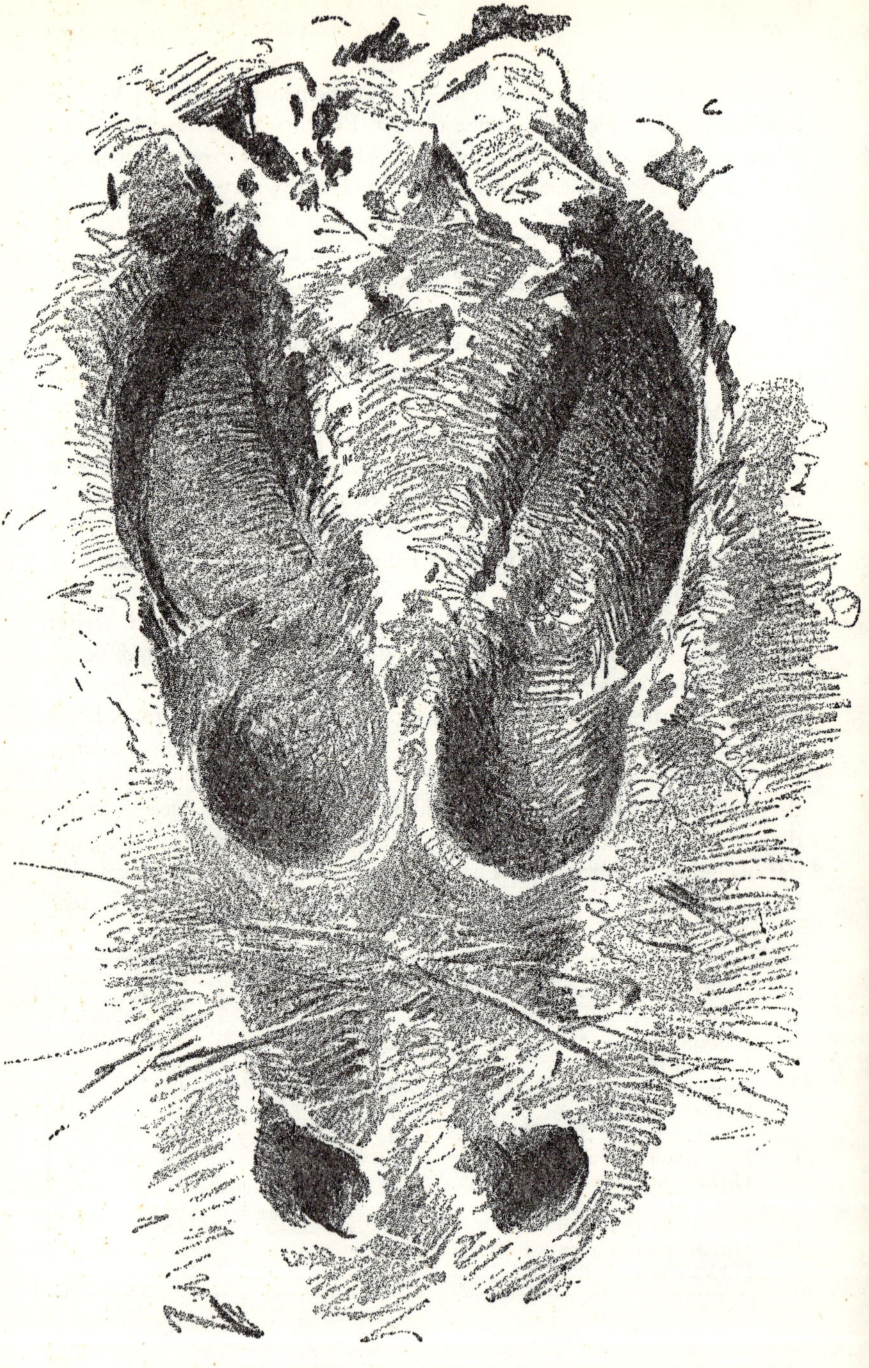

Abb. 9. Trittsiegel eines flüchtigen Hirsches (natürliche Größe)

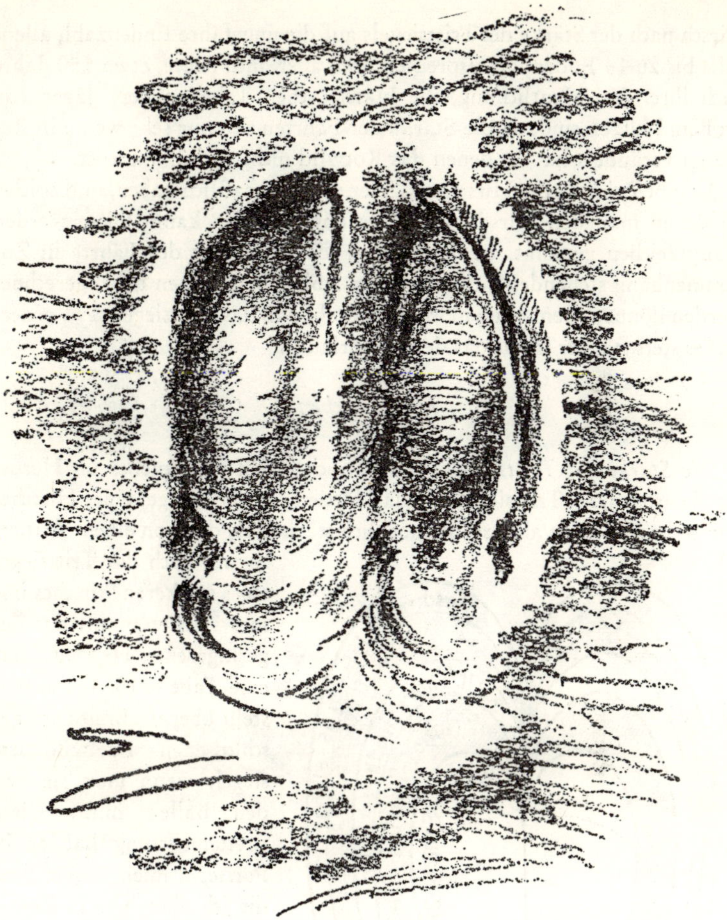

Abb. 10. Trittsiegel eines Alttieres, gespreizt (natürliche Größe)

wohl, daß die Stärke der Fährte mit der Endenzahl nur theoretisch in einer gewissen Wechselbeziehung steht, weil alte Hirsche und Kümmerer zuweilen zurücksetzen. Aber man kann nach der Breite des Trittsiegels dann wenigstens angeben, wieviel Enden der Hirsch nach der Stärke seiner Schalen, die immer mit dem übrigen Körper im gleichen Verhältnis stehen, tragen könnte. Hinzufügen möchte ich noch, daß Rasse, Standort, Äsung und individuelle Veranlagung, verbunden mit dem Alter, auf die Endenzahl die größte Wirkung ausüben, so daß es einem langjährigen Beobachter der Hirsche eines bestimmten Reviers wohl möglich ist, den

Hirsch nach der Stärke des Trittsiegels auf die ungefähre Endenzahl, allenfalls bis zu 14 Enden, anzusprechen, daß aber auch heute, etwa 150 Jahre nach ihrer Veröffentlichung, die HARTIGschen Tabellen dem Jäger von großem Nutzen sind, da die Stärke der Fährten sich nur sehr wenig in Revieren verändert hat, in denen das Rotwild nicht verkümmert ist.

Es gibt Zeichen, die Hirsch und Tier gemeinschaftlich haben, und solche, an denen man den Hirsch vom Tier unterscheiden kann. Diese werden Hauptzeichen genannt, zu denen auch die „nicht mit der Fährte in Zusammenhang stehenden“, die ich unter 1 bis 9 beschrieben habe, gerechnet werden können. Bemerken möchte ich noch, daß das Trittsiegel des Vorderlaufes stets stärker ist als das des Hinterlaufes.

Hauptzeichen

1. *Die Stärke des Trittsiegels.* Gewöhnlich macht der Spießer im Herbst ein ebenso starkes Trittsiegel wie das Alttier. Das Trittsiegel eines Hirsches von sechs Enden ist aber schon merklich stärker als das von einem Alttier, so wie auch das Trittsiegel eines stärkeren Hirsches immer stärker ist als das des geringeren. HARTIG hat eine Tabelle (S. 17) aufgestellt über die Breite der geschlossenen Edelwildtrittsiegel, wenn man sie vor den Ballen mißt. Diese Breitenmessung hat er in Pariser Linien ausgeführt, die ich aber hier in Zentimeter umgerechnet habe (1 Pariser Linie = 2,26 mm).

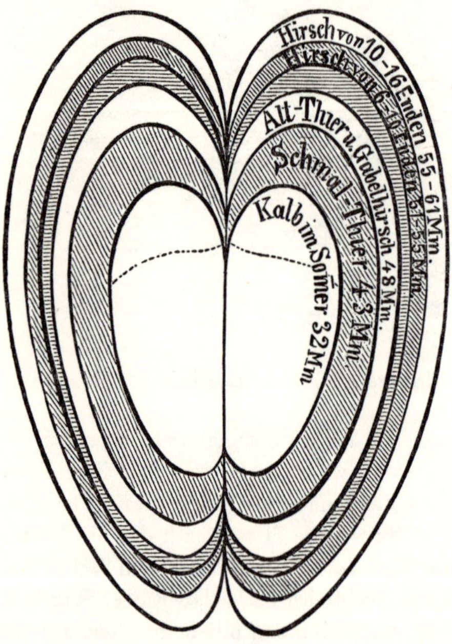

Abb. 11. Stärke der Trittsiegel des Rotwildes nach einem Hartigschen Kupferstich

Hierzu möchte ich noch bemerken, daß HARTIG angenommen hat, auf den Spießer folge der Regel nach der Gabler, dann der Sechser usw. Wir wissen heute aber, daß die Geweihstufen nicht regelmäßig eingehalten werden und daß es oft vorkommt, daß der Hirsch, besonders in jüngeren Jahren, eine oder mehrere Stufen überspringt und vom Spießer gleich zum Sechser oder Achter wird oder sogar noch mehr Enden aufsetzt. Wenn HARTIG also in der Tabelle angibt, daß Gabler und Alttier gleich starke Schalen hätten, so müssen wir hierbei nicht an das Geweih, sondern an die Stufe denken – also an einen Hirsch im Alter von über zwei Jahren, und beim Sechser von über drei Jahren usw.

Die Breite der von HARTIG gemessenen Trittsiegel des Vorderlaufes der stärksten Hirsche beträgt also 6,7 cm. Dies Maß stimmt fast genau mit dem der stärksten Hirsche überein, die der Förster ADOLF HUGO im Brandshofer Gehege am Bückeberg bei Stadthagen (Bückeburg) gemessen hat. Er gibt folgende Länge der Trittsiegel an und bemerkte dazu, daß einige vorn spitz waren, andere aber Stümpfe hatten.

Nr. 1	9,5 cm lang,	7 cm breit
Nr. 2	9,5 cm lang,	6,8 cm breit
Nr. 3	9,4 cm lang,	6,8 cm breit
Nr. 4	10 cm lang,	6,6 cm breit
Nr. 5	10,3 cm lang,	7,4 cm breit
Nr. 6	9,2 cm lang,	7,1 cm breit

Ein bei Gmunden (Salzkammergut) gemessenes Trittsiegel eines Zwölfender-Gebirgshirsches war 8 cm lang und 6,5 cm breit.

Die Hirsche der Donauauen in Österreich scheinen bedeutend stärkere Schalen zu haben. Der Graf Kinskysche Oberförster HÖHNE in Matzen (Niederösterreich) hat für mich folgende Maße festgestellt:

Spießer	7 cm lang,	6 cm breit
Sechser	8,2 cm lang,	6,7 cm breit
Zwei Achter	9 cm lang,	7,5 cm breit
Zehnender	10 cm lang,	8,2 cm breit
Zehnender	9,7 cm lang,	8,6 cm breit
Zwölfender	10,4 cm lang,	8 cm breit
Zwölfender	10 cm lang,	9 cm breit
Vierzehnender	10 cm lang,	8,5 cm breit

Die stärkste Fährte, die er gemessen hat, ist die eines Vierzehnenders, der schon drei Jahre zurückgesetzt hatte: 10,5 cm lang und 9,5 cm breit.

Das sicherste Hauptzeichen zur Unterscheidung von Hirsch und Tier ist hiernach zweifellos die Stärke des Trittsiegels, und jeder Jäger blickt zuerst auch nach ihr, um das Stück, von dem das Trittsiegel herrührt, auf das Geschlecht anzusprechen.

2. *Die Stümpfe der Schalen.* Die Spitzen der Schalen des Hirsches nutzen sich nach und nach ab und werden, besonders an alten Hirschen, sehr stumpf. Hauptsächlich ist dies aber der Fall bei solchen Hirschen, die in steilen und felsigen Gebirgen ihren Stand haben, und zwar aus dem Grunde, weil die Hirsche bei steilem Bergaufziehen nur mit den weitgespreizten Schalenspitzen auftreten und sie daher verhältnismäßig stark abschleifen, so daß der vordere Teil der Schalen einen sehr flachen Bogen bildet, stumpf ist – die Stümpfe. Ganz alte Tiere haben zuweilen auch stark abgestumpfte Schalen, doch sind sie dann höchstens so stumpf wie die eines Hirsches von sechs Enden. Jedenfalls gehören die Stümpfe zu den gerechtesten Zeichen, nach denen man die Fährte des Hirsches von der des Tieres unterscheiden kann. Daß aber hierbei auch Ausnahmen vorkommen können, wissen wir.

3. *Die Dicke und Stümpfe der Oberrücken.* Da die Oberrücken der Hirsche von sechs Enden schon merklich stärker und stumpfer sind als die der Alttiere, so läßt sich aus dem Abdruck der Oberrücken schließen, ob die Fährte von einem Hirsch oder Tier herrührt. Die Oberrücken eines Alttieres haben gewöhnlich einen Durchmesser von 1,4 bis 1,6 cm, die eines jagdbaren Hirsches von 2 bis 2,3 cm.

4. *Der Zwang.* Wenn man von Zwang spricht, so versteht man hierunter ein Zeichen in einem geschlossenen Trittsiegel, so daß man auch wohl Zwang und geschlossenen Tritt als gleichbedeutend ansieht – im Gegensatz zum nicht geschlossenen, dem gespreizten Trittsiegel. Der hirschgerechte Jäger verstand und versteht aber noch etwas anderes darunter, wenn dies auch stets, wie schon gesagt, in Zusammenhang mit der geschlossenen Fährte auftritt. Während nämlich der Hirsch vorwärts schreitet, zieht er die mit in den Boden greifenden Schalen nach rückwärts und drückt dadurch auch etwas Erde oder Schnee mit den Schalenspitzen ein wenig nach hinten, was das Zwingen oder der Zwang genannt wird. Das Alttier zwingt zwar auch, aber nicht so stark wie der Hirsch.

5. *Der Burgstall.* Die Schalen des Rotwildes sind zwischen Ballen und Spitze ausgehöhlt, und diese „Hohle“ drückt sich natürlich als Erhabenheit im Trittsiegel aus, besonders stark ist sie aber bei der Hirschfährte. Sie wird Burgstall genannt.

6. *Die Ballen.* Diese sind zwar beim Spießer nicht stärker als beim Alttier, doch werden sie beim Spießer tiefer ausgeprägt und bilden eine mehr herzförmige Figur.

7. *Der Schloßtritt.* Im Bett, in dem ein Hirsch gesessen hat, steht gewöhnlich in der Mitte ein Trittsiegel. Es entsteht beim Hochwerden.

8. *Das Bleizeichen.* Wenn ein Tritt des Hirsches auf einem Stein sicht-

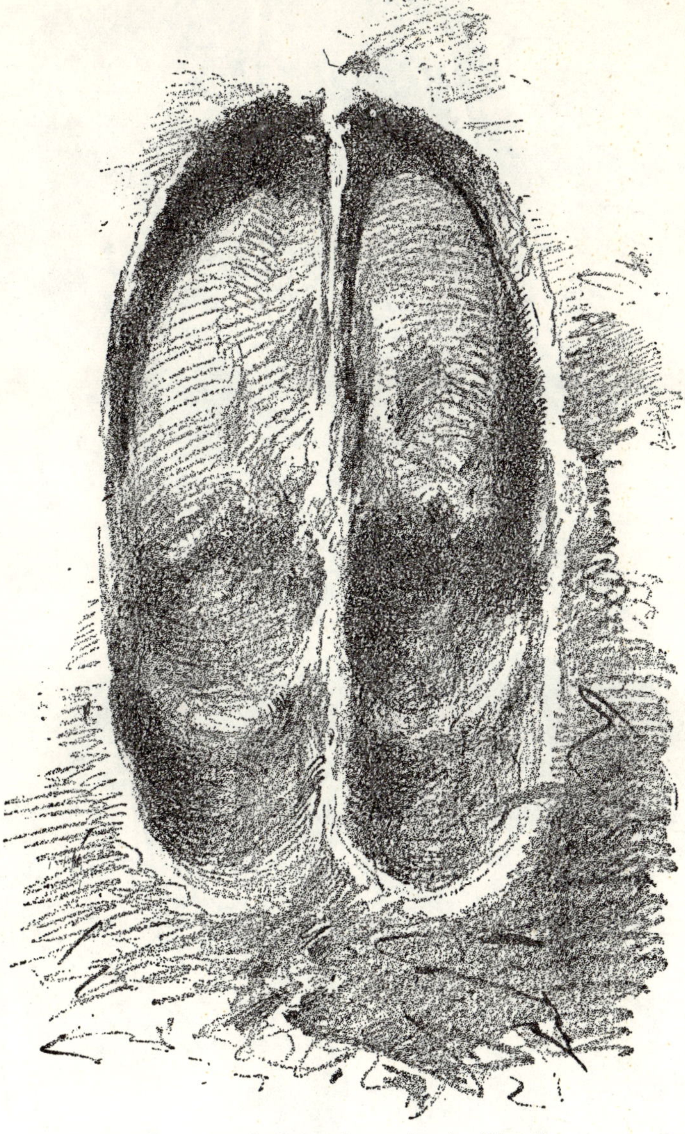

Abb. 12. Vierballenzeichen. Folge des Übereilens (natürliche Größe)

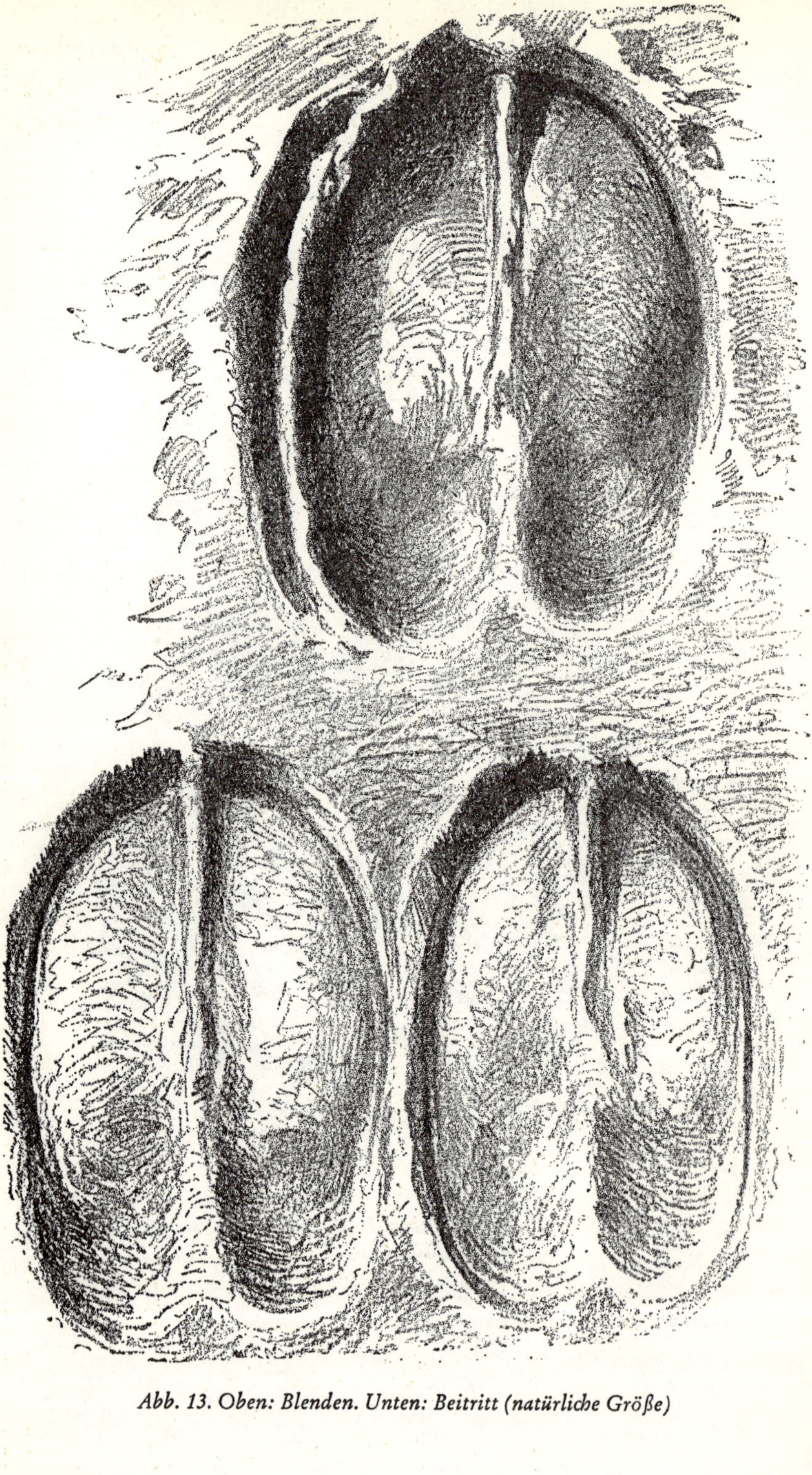

Abb. 13. Oben: Blenden. Unten: Beitritt (natürliche Größe)

bar ist, so nennt man dies das Bleizeichen, weil es gewöhnlich so aussieht, als wäre es mit Bleistift gezeichnet. Es wird nur selten gefunden. Es wird vom Hirsch gemacht, wenn er mit Gewalt auf einen Felsen hinauf will und hierbei fest eingreifen muß.

Wenn man die Sohle eines Hirschlaufes mit der eines gleich starken Laufes von einem Tier vergleicht, so ist niemand imstande, irgendwelchen Unterschied in der Form zu erkennen, ja, es ist sogar unmöglich, abgeschärfte Läufe, wenn sie nicht an der Stärke kenntlich sind, daraufhin anzusprechen, ob sie vom Hirsch oder Tier stammen.

Zeichen im Trittsiegel, die Hirsch und Tier gemeinsam haben

1. *Der Schluß.* (Siehe Abb. 19a.) Wenn der Hirsch mit dem Hinterlauf genau in den Fährtenabdruck des Vorderlaufes tritt, so wird dies Schluß genannt. Der Hirsch tut dies zuweilen, das Tier aber meistens.

2. *Das Näschen.* Öfters findet man bei gezwängten (geschlossenen) Fährten zwischen den Schalenspitzen einen kurzen, in die Höhe stehenden Erd- oder Schneestreifen, der Näschen genannt wird. Es kommt bei Hirsch und Tier vor, beim Hirsch aber mehr, weil er mehr zwingt als die Tiere.

3. *Das Fädchen* ist eine Verlängerung des Näschens, die zwischen den ganzen Schalen durchgeht und sowohl bei der Hirsch- als auch bei der Tierfährte vorkommt. Das Fädchen verdankt also sein Entstehen dem mehr oder weniger starken Spreizen der Schalen.

4. *Das Kränzen.* Wenn sich auf hartem Boden nur die Wände der Schalen als schmale Kränze ausprägen.

5. *Das Scheibchen.* Wenn es in die Stauberde nur sehr wenig regnet und das Wild darauf tritt, so prägt sich die Fährte in der feuchten Schicht aus, und dieses Trittsiegel kann man hin und wieder, weil unter ihm trockener Staub liegt, abheben. Dieses Scheibchen ist aber kein gerechtes Zeichen, da es auch öfter bei der Tierfährte vorkommt.

6. *Das Insiegel.* Wenn Rotwild über feuchte, tonige Felder oder über weichen Schnee zieht, ballt sich zuweilen in und um die Schalen Erde oder Schnee zusammen. Wenn die Masse endlich abfällt, so nennt man diesen Abdruck Insiegel. Das Insiegel ist kein sicheres Zeichen einer Hirschfährte; man kann aber nach der Stärke der Ausprägung öfter doch Hirsch vom Tier unterscheiden.

7. *Der Abtritt.* Wenn der Hirsch auf eine mit Gras bewachsene nicht zu weiche Fläche tritt, so schneiden die Wände der Schalen das Gras ab. Da

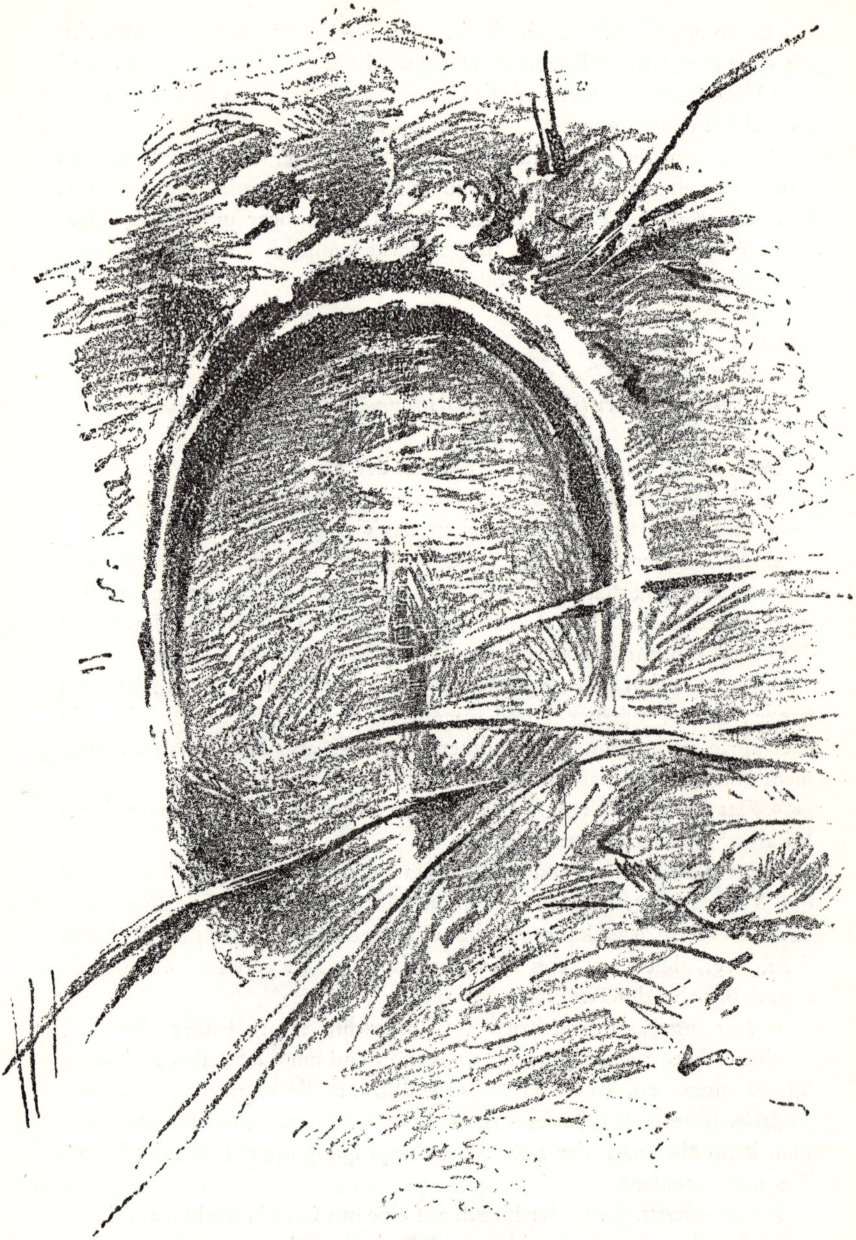

Abb. 14. Reifchen (natürliche Größe)

dies aber auch öfter bei den Tieren geschieht, so ist der Abtritt kein gerechtes Zeichen, ebenso auch

8. *der Einschlag* nicht, d. h. wenn das abgetretene Gras sich in der Höhlung der Schalen festgelegt hat und, sobald das Wild auf wunden Boden tritt, in der Fährte liegenbleibt.

ZEICHEN AUS DEM TRITT DES VORDER- UND HINTERLAUFES

Hauptzeichen

1. *Die vier Ballen* (Abb. 12). Wenn der Hirsch mit dem Hinterlauf etwas weiter tritt, als daß er den Schluß macht, aber nicht über den Fährtenabdruck des Vorderlaufes hinaus, so entsteht ein Trittsiegel mit vier Ballen – daher die Bezeichnung.

2. *Das Blenden* (Abb. 13 oben). Wenn der Hirsch den Schluß macht, so setzt er den Hinterlauf oft nicht ganz genau in den Fährtenabdruck des Vorderlaufes, sondern macht ihn um ein weniges länger oder breiter.

3. *Das Reifchen* (Abb. 14). Wenn beim Blenden der Fährte an einer Seite ein schmales Reifchen entsteht.

4. *Der Kreuztritt* (Abb. 15 u. 18b). Wenn der Hirsch mit der Schale des Hinterlaufes das Trittsiegel des Vorderlaufes seitwärts halb bedeckt, so wird dies die Kreuzfährte oder der Kreuztritt genannt.

5. *Das Übereilen* (Abb. 16). Junge Hirsche treten mit dem Hinterlauf öfter über das Trittsiegel des Vorderlaufes (Abb. 12 und 19c).

Zeichen, die Hirsch und Tier gemeinsam haben

1. *Der Beitritt* (Abb. 13 unten u. 18a). Der vertraut ziehende, sehr feiste Hirsch tritt mit dem Hinterlauf oft neben den Tritt des Vorderlaufes, was bei Tieren nur, wenn sie hochbeschlagen sind, ab und zu vorkommt. Blenden, Kreuztritt und Beitritt unterscheiden sich also dadurch, daß beim Blenden das Trittsiegel des Vorderlaufes von dem des Hinterlaufes nicht vollkommen gedeckt, sondern durch ihn nur etwas vergrößert wird, beim Kreuztritt das des Vorderlaufes von dem des Hinterlaufes nur ungefähr zur Hälfte oder noch mehr gedeckt wird und beim Beitritt beide nebeneinander stehen.

2. *Das Zurückbleiben* (Abb. 17 u. 19b). Alte, starke Hirsche treten mit dem Hinterlauf oftmals hinter den Fährtenabdruck des Vorderlaufes, was

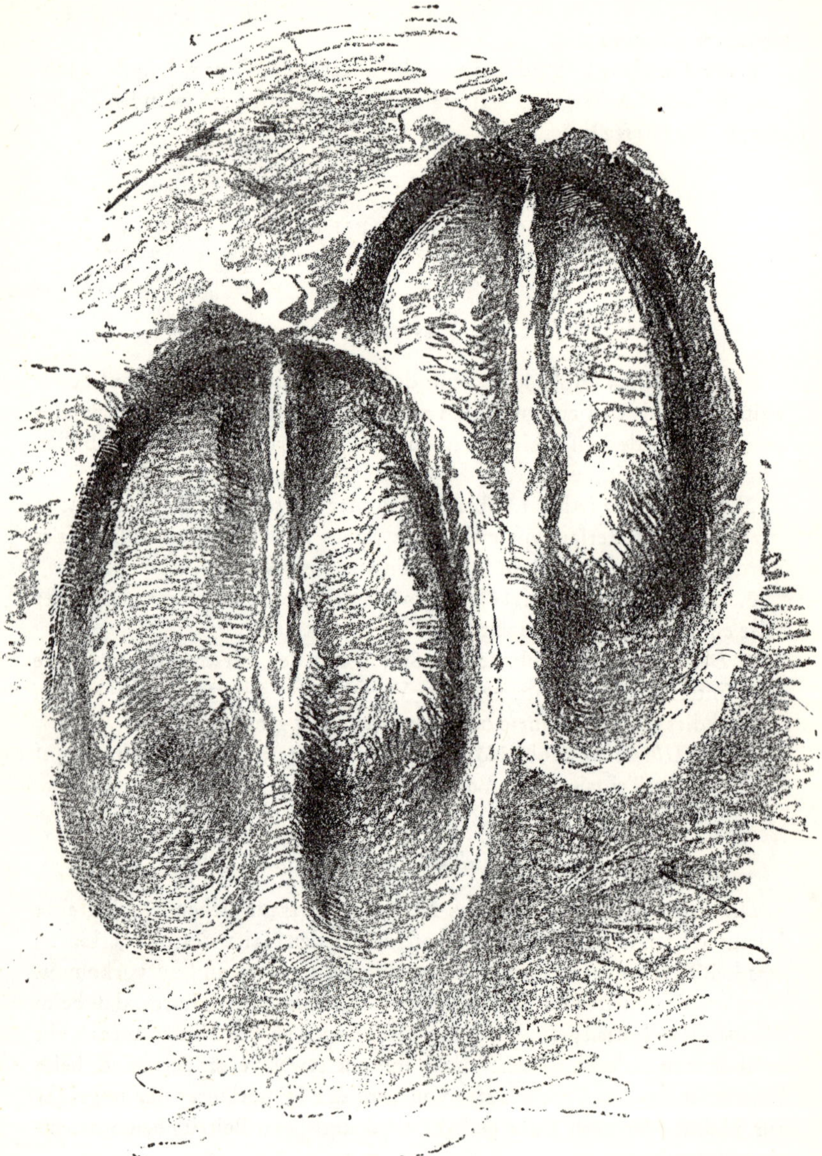

Abb. 15. Kreuztritt. Linker Vorderlauf (rechts) und Hinterlauf (links) (natürliche Größe)

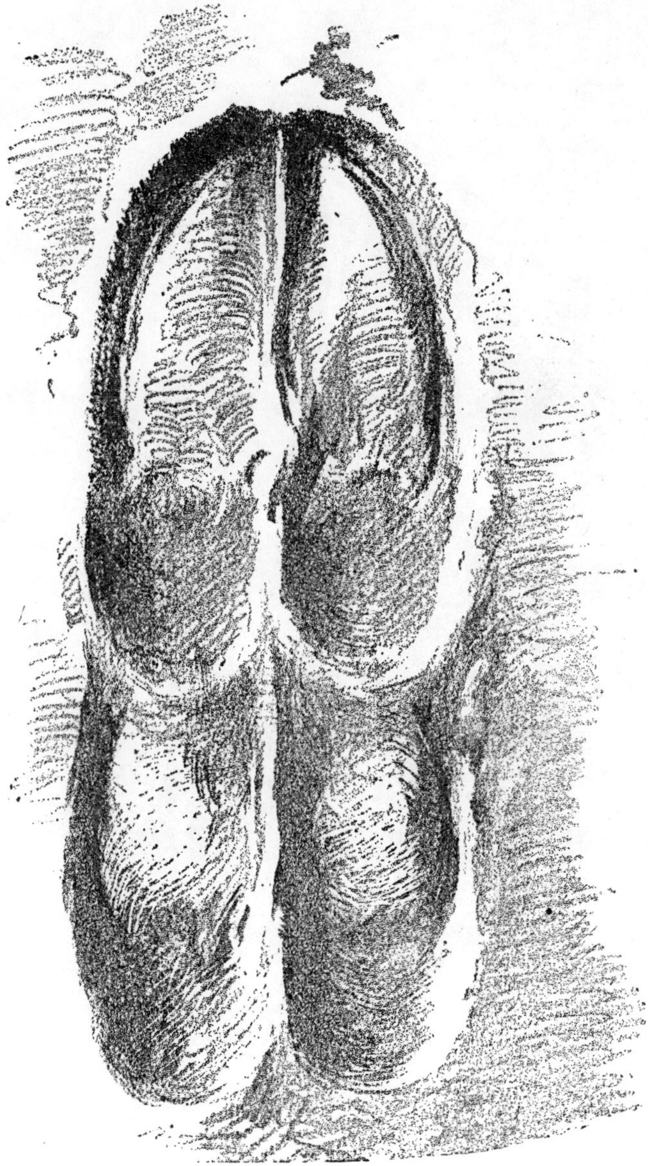

Abb. 16. Übereilen. Oben: Hinterlauf. Unten: Vorderlauf des Hirsches (natürliche Größe)

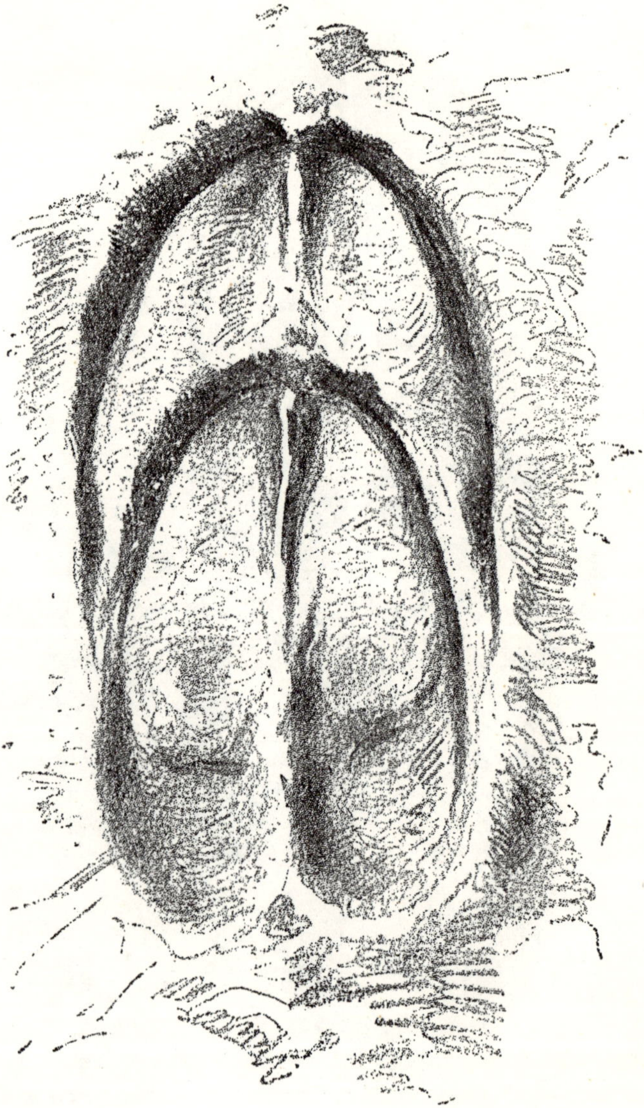

Abb. 17. Zurückbleiben (natürliche Größe)

man Zurückbleiben nennt. Zuweilen tun dies aber auch hochbeschlagene Tiere.

ZEICHEN DER FÄHRTENREIHE

1. *Das Schränken und Schnüren* (siehe Abb. 18 u. 19). Ich habe schon bei den Waidmannsausdrücken erklärt, daß ein eigentliches Schnüren bei unseren Jagdtieren nur sehr selten vorkommt, und in diesem Sinne schränkt auch alles Rotwild ohne Unterschied des Alters und Geschlechtes. Bei den Tieren stehen die einzelnen Tritte in der Fährtenreihe unmittelbar zur Rechten und zur Linken einer gedachten geraden Linie; während die Tritte beim Hirsch öfters von dieser Linie 5,5 bis 11 cm seitwärts stehen. Je stärker der Hirsch, desto weiter schränkt er. Hochbeschlagene Tiere machen dieses Zeichen auch wohl, aber mit Unterbrechungen.

2. *Die Weite des Schrittes.* Da sich diese in der Regel nach der Stärke des Stückes richtet, so ist sie ein untrügliches Zeichen. Spießer schreiten zwar gewöhnlich nicht weiter als Alttiere, bei Hirschen von sechs Enden ist der Unterschied aber schon merklich und bei stärkeren Hirschen sehr auffallend. Wenn sich daher der Jäger bei jeder Gelegenheit merkt, wie weit die Hirsche von verschiedener Stärke schreiten, so kann er in Ermangelung von noch mehr Zeichen schon ziemlich sicher danach ansprechen. Durch die HARTIGsche Tabelle, die ja selbstverständlich nicht für alle Reviere paßt, ist immerhin ein Anhaltspunkt gegeben, nach dem man sich nach einigen Vergleichen für ein bestimmtes Revier ein ziemlich sicheres Urteil über die Stärke des Hirsches bilden kann. HARTIGs Tabelle, in cm umgerechnet, gibt über die Weite des gewöhnlichen Schrittes auf der Ebene, von Fährteneindruck zu Fährteneindruck gemessen, folgende Maße an:

Rotwild schreitet als

Kalb im Sommer	33 cm weit
Kalb im Herbst	36 cm weit
Schmaltier im Sommer	41 cm weit
Spießhirsch im Sommer	44 cm weit
Gabelhirsch und Alttier	51 cm weit
Hirsch von 6 Enden	52 cm weit
Hirsch von 8 Enden	54 cm weit
Hirsch von 10 Enden	59 cm weit
Hirsch von 12 Enden	61 cm weit
Hirsch von 14 Enden	62 cm weit
Hirsch von 16 Enden	63 cm weit

Natürlich ist hier vom Schritt im Ziehen, nicht im Trollen, die Rede.

a Beitritt *b* Kreuztritt *c* flüchtig *d*

Abb. 18. a, b, c Fährten vom ziehenden und flüchtigen Hirsch, d Fährte vom ziehenden Tier

Abb. 19. a Schluß u. Schränken, b Zurückbleiben, c Übereilen des Hirsches

3. *Die Richtung der einzelnen Fährten.* Der Hirsch schreitet mit stark nach auswärts gedrehter Schalenspitze, so daß man, wenn man hinter der Fährte steht, sofort sehen kann, ob die Fährteneindrücke vom linken oder rechten Lauf herrühren. Die Schalen der Tiere drücken sich nicht ganz, aber fast parallel zu beiden Seiten einer gedachten geraden Linie ab; immerhin ist aber die Schalenspitze etwas weiter von ihr entfernt als die Kerbung des hinteren Teils der Ballen.

4. *Der Widergang.* Wenn einzelne Hirsche zu Holze ziehen (Kirchgang machen), so verhalten sie wohl dicht vor dem Holz einen Augenblick, wenden sich dann, ziehen noch einmal ein Stück ins Feld zurück und dann erst zu Holz. Krankgeschossenes Rotwild macht solche Widergänge ebenfalls öfter im Wald.

DAS DAMWILD

Früher hauptsächlich als Wild großer Parks und eingegatterter Wildbahnen gehalten, hat sich das Damwild heute in freier Wildbahn so erfreulich vermehrt, daß man von ihm in manchen Landschaften unserer Heimat als überaus interessantes Jagdwild sprechen kann. Das Gelände, in dem das Damwild steht, ist meistens kein zusammenhängender Forst, sondern die sogenannte offene Waldlandschaft. Mehr oder weniger breite Waldbänder ziehen sich um ausgedehnte Acker- oder Wiesenflächen oder Seen, und nur hin und wieder sieht man größere Wälder, gewöhnlich gemischt aus Buchen und Eichen. Aber es sind auch Fichten, Eschen, Erlen und Ahorn eingesprengt. Die Damhirsche werden nach der Stärke des Geweihs folgendermaßen angesprochen:

1. Spießer, erster Jahrgang;
2. Geringer Hirsch oder Knieper, zwei Jahrgänge;
3. Angehender Schaufler, ein oder auch wohl zwei Jahrgänge;
4. Schaufler, drei Jahrgänge;
5. Kapitalschaufler oder Kapitalhirsch.

Natürlich ist der eine Damhirsch mehr veranlagt, frühzeitig stark aufzusetzen als der andere, und mancher Schaufler setzt auch unter den günstigsten Bedingungen niemals kapitale Schaufeln auf. – Ausnahmsweise erreicht ein Schaufler in Holstein ein Gewicht von 210 Pfund, während die gewöhnlichen Gewichte von aufgebrochenen Kapitalschauflern ohne Geweih 170 bis 200 Pfund sind. Starke Tiere wiegen aufgebrochen 70 bis 90 Pfund, sind also bedeutend geringer als die Schaufler.

Damwild hält keinen festen Wechsel wie Rotwild; es wandert viel, ist immer unruhig und zieht hin und her. Es suhlt nicht wie Rotwild, zieht aber gern zur Tränke, obgleich sie ihm kein Bedürfnis ist. Der Hirsch plätzt nur während der Brunft. Der Brunftplatz des Kapitalschauflers sieht anders aus als bei Rothirsch und Rehbock; er liegt im Stangenort oder Hochwald und ist nur etwa 80 Schritt im Quadrat groß. Hier liegt Plätzstelle an Plätzstelle; auch ist an einigen Stämmchen geschlagen. Bei festem Boden sind die Plätzstellen hart wie eine Tenne, bei weichem Boden sind tiefe Löcher (Kuhlen) geplätzt, ja sogar die Wurzeln vom Buschwerk mit den Schalen abgeschlagen. Auf einem Brunftplatz bei Lensahn, den ich besichtigte, hatte ein Kapitalschaufler rings um eine mannsdicke Fichte den Boden tennenartig festgeplätzt und getreten und die Borke des Baumes mit den Schaufeln bearbeitet. Auf einem anderen hatte der Platzschaufler eine Kuhle gescharrt. Der Schaufler kommt, wenn er mal vertreten wird, sehr bald auf den Brunftplatz zurück. Sein Rudel wird genauso wie beim Rothirsch von geringeren Schauflern und Damhirschen umschwärmt.

Die Losung des Damhirsches ist im allgemeinen verschieden von der des Tieres. Während bei diesem die einzelnen Beeren der Losungstraube auseinanderfallen, hängen sie beim Hirsch fast wurstförmig zusammen. Sie trennen sich nicht in Beeren, sondern in einzelnen durchgehenden Schichten oder aber in Haufen mit rasch sich verjüngender Spitze. In der Brunftzeit, in der der Hirsch wenig äst, sind die Losungsklumpen kümmerlicher als in der Feistzeit.

Die Fährte des Schauflers ist geringer als die des Rothirsches, selbst die des Kapitalschauflers ist nicht so stark wie die eines geringen Hirsches (die Maße folgen weiter unten). Deshalb tritt die Frage an uns heran, ob und wie man beide Trittsiegel unterscheiden kann. Das ist sehr leicht der Fall. Beim Damhirsch ist der Ballen außerordentlich lang, länger als bei allem anderen hier in Betracht kommenden Schalenwild. Er beträgt bei fast allen Trittsiegeln, die ich gemessen habe, die Hälfte oder doch fast die Hälfte der ganzen Schalenlänge und ist öfter sogar scharf vom Burgstall abgegrenzt, während beim Rothirsch der Ballen ungefähr ein Drittel der Länge des Schalenabdruckes einnimmt. Die Trittsiegel des weiblichen Damwildes sind bedeutend geringer als die der Schaufler und prägen sich in ihnen auch nicht die Ballen so deutlich aus. Sie sind auch spitzer und schlanker, während die der Schaufler Stümpfe haben. Allgemein erscheint aber das

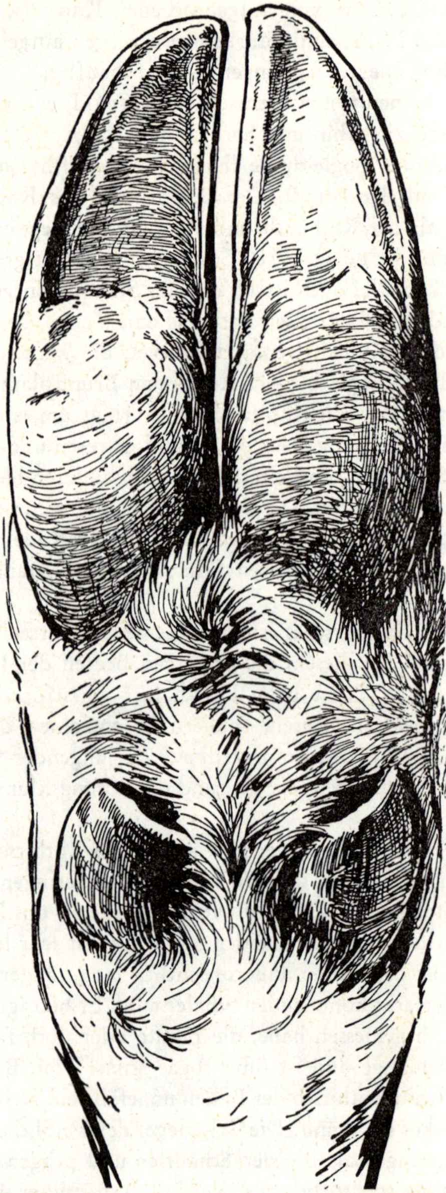

Abb. 20. Schalensohle eines starken Damschauflers (natürliche Größe)

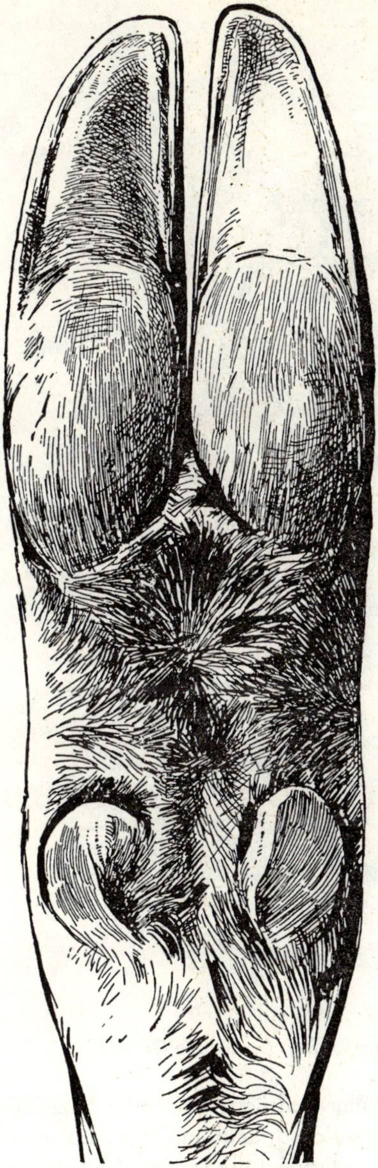

Abb. 21. Schalensohle eines Damtieres (natürliche Größe)

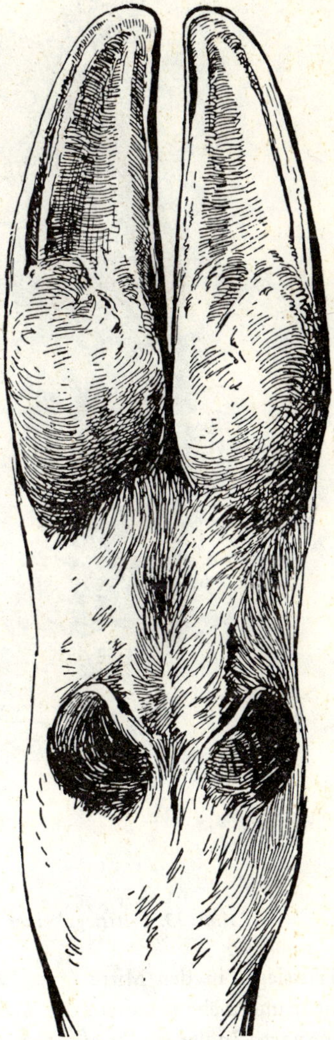

Abb. 22. Schalensohle eines Damschmaltieres (natürliche Größe)

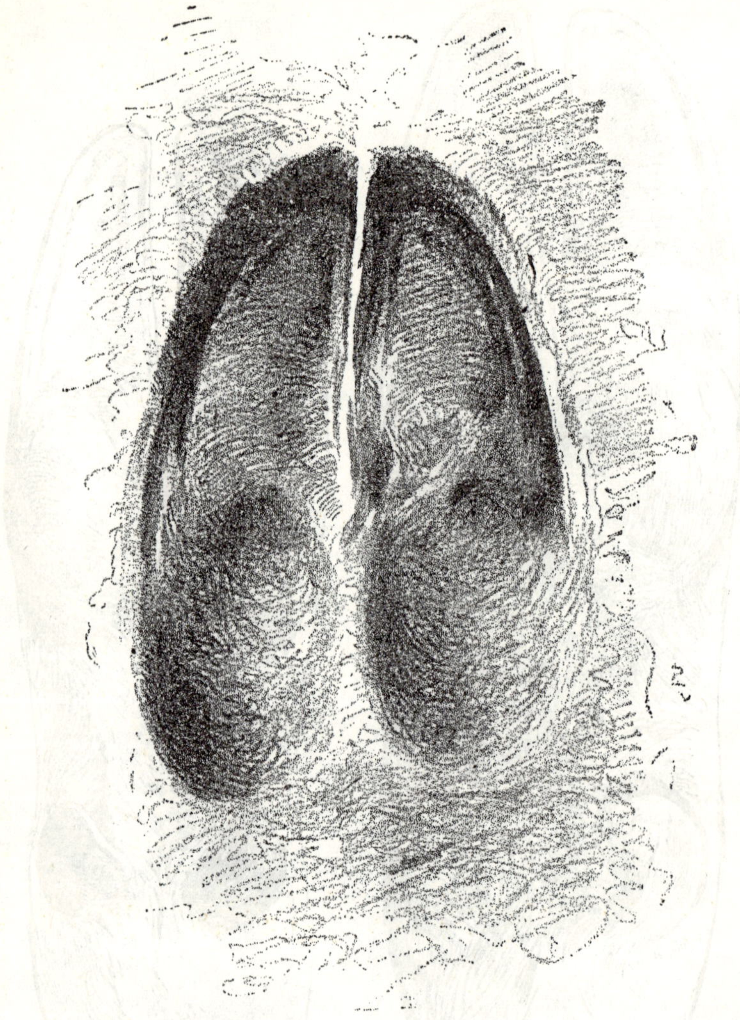

Abb. 23. Trittsiegel eines Damschauflers (natürliche Größe)

Trittsiegel in der Mitte etwas zusammengedrückt, was beim Schaufler mehr und mehr verschwindet. Der Schaufler schränkt und tritt auch etwas auswärts. In der Flucht aftert er auch und spreizt die Schalen. Ich habe bei der Fährte eines geringen Hirsches gemessen, daß die Spitzen der Oberrücken 10 cm hinter den Spitzen der Schalen stehen. Alle Fährten von

Damhirschen, die ich gesehen und gemessen habe, waren nicht vollkommen geschlossen, sondern zeigten das Fädlein.

Es seien einige Maße angegeben, meistens im Sandboden gemessen.

1. Geringer Hirsch, flüchtig, fester Boden, Schalen gespreizt, Trittsiegel 6 cm lang, Ballen 3 cm lang.

2. Geringer Hirsch, fester Boden: 6$^1/_2$ cm lang, Ballen 3,3 cm lang, 5 cm breit, Fädchen, Burgstall. In weichem Boden war dasselbe Trittsiegel 7 cm lang. 47 cm Schrittweite.

3. Schaufler. 8 cm lang, Ballen fast 5 cm lang, 5 cm breit, an weichen Stellen 5$^1/_2$ cm breit, schränkt etwas, und die Trittsiegel stehen etwas auswärts. Schrittweite 55 cm.

4. Schaufler: 8 cm lang, Ballen 4 cm lang, 6$^1/_2$ cm breit. Sandboden.

5. Kapitalschaufler: 8$^1/_2$ cm lang, Ballenlänge 4$^1/_2$ cm.

6. Sämtliche von mir gemessenen Trittsiegel von Alttieren waren 5 cm lang und 3$^1/_2$ cm breit.

Die Ballen waren nur wenig ausgeprägt und die Schalen spitz.

Die gewöhnlichen Fluchten der Hirsche sind 2 bis 2,50 m (von mir gemessen 2,75 m) weit, die der Tiere 1,50 bis 2 m.

Beiläufig will ich noch bemerken, daß hin und wieder die einzelnen Schalen ungleich lang sind, was aber auch bei Rehwild nicht allzu selten, besonders an den Hinterläufen, vorkommt.

Das Damwild flüchtet auf zweierlei vollkommen verschiedene Weise. Gewöhnlich macht es ähnliche Fluchten wie Rotwild, also einen etwas verschobenen Hasensprung. Aber jugendliches Damwild flüchtet öfter zu jeder Jahreszeit, Damhirsche jedoch der Regel nach nur zur Brunftzeit derart, daß sie mit allen vier Läufen gleichzeitig den Körper in die Höhe und vorwärts schnellen und hierbei den langen Wedel steil emporstrecken, eine Bewegungsart, die jedem auffällt, der sie zum erstenmal sieht.

Allem Anschein nach sind hierbei alle vier Läufe steif, und trotzdem sehen die Fluchten höchst elegant aus.

Abb. 24
Fährte eines geringen flüchtigen Damhirsches

Meiner Überzeugung nach ist niemand imstande, mit Sicherheit die Fährte des Bockes von der der Ricke zu unterscheiden. Zwar aftert der Bock mehr als die Ricke, besonders als das Schmalreh, was man gelegentlich an der Fährte des in der Brunft treibenden Bockes und des getriebenen Schmalrehs und der Ricke beobachten kann, aber es aftern auch die Ricken, besonders wenn sie hochbeschlagen sind, und die Böcke aftern durchaus nicht immer. Man sagt nun zwar, der Bock habe dieselben Hauptzeichen in der Fährte wie der Hirsch; es würde aber trotzdem sehr schwierig sein, sie hiernach richtig anzusprechen, weil die Fährte ja viel geringer ist als die des Hirsches und der Kapitalbock sich noch bedeutend schwächer als ein erst wenige Monate altes Rotwildkalb fährtet. Deshalb macht man den Bock auch nicht nach der Fährte, sondern nach anderen Zeichen aus und klügelt höchstens einmal an einer guten Fährte herum, ob sie von einem Bocke oder von einer Ricke herrührt. HARTIG sagt zwar, daß der aufmerksame Beobachter beim Bocke viele der bei der Hirschfährte angeführten Zeichen, besonders aber die Stümpfe der Schalen, das Schränken und den Zwang deutlicher als bei der Ricke fände, und auch, wenn die Fährten von einem ganzen Rudel (wir sagen heute Sprung) Rehen deutlich abgedrückt nebeneinander ständen und ein guter Bock dazwischen wäre, so ließe sich durch Vergleichen der Stärke der Fährten und der vorhin erwähnten Zeichen beinahe bestimmt sagen, welches die Fährte des Bockes sei. Er fügte aber hinzu: „Auf das richtige Ansprechen eines einzelnen Bockes aber wird sich kein solider Jäger einlassen, weil die Fährte eines starken Bockes nur um eine Wenigkeit breiter ist als die einer starken Ricke.“

Die einzigen gerechten Zeichen für den Pürschjäger sind Plätzstellen und Stämmchen, an denen der Bock gefegt oder geschlagen hat, und in der Brunft auch die Brunftringe und die Fährten auf den Wegen und die Eindrücke im Laub, also die Stellen, wo der Bock getrieben hat, also der Brunftplatz. Bei Schnee kann man auch am Nässen sehen, ob die Fährte von einem Bock oder einer Ricke herrührt, da diese hinter oder, der gedrückten Stellung beim Nässen wegen, zwischen die Fährte der Hinterläufe näßt, der Bock aber zwischen die Fährten der Hinter- und Vorderläufe. Welchen Jäger sollte es aber interessieren, zu dieser Jahreszeit Rehwild nach den Zeichen ansprechen zu wollen?

Die stärksten Böcke fangen im März an zu *fegen;* der eigentliche Fegemonat ist aber der April, und die Jährlinge fegen sogar bis in den Juni

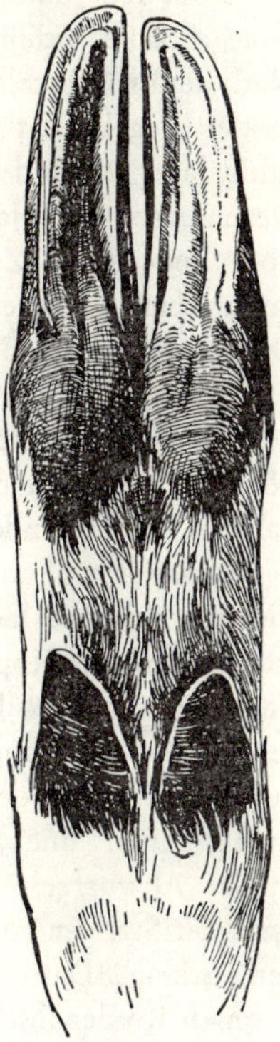

Abb. 25. Schalensohle des Rehes vom Vorderlauf (natürliche Größe)

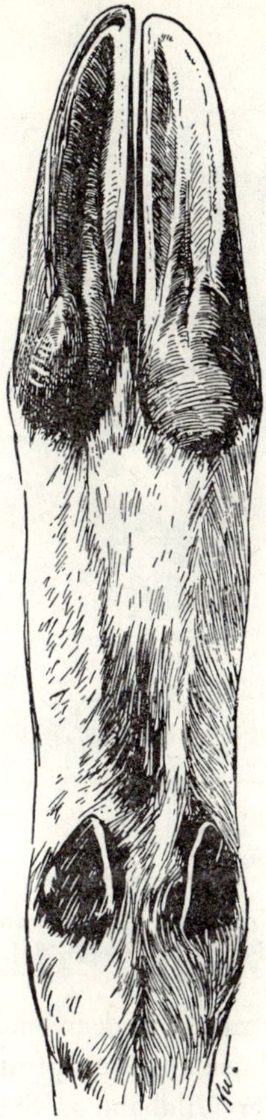

Abb. 26. Schalensohle des Rehes vom Hinterlauf (natürliche Größe)

hinein, auch solche, die schon außergewöhnlich stark aufgesetzt haben. Den Bast findet man äußerst selten an einem Fegebaum, da ihn alle Hirscharten sofort äußerst gierig aufäsen. Wo man den Bast findet, ist der Bock bei seiner Fegearbeit gestört. Bei genauerer Untersuchung der Fegestellen findet man aber an der Rinde der Bäume hin und wieder wenige Basthärchen, ein gerechtes Zeichen, um die Fegestelle als solche überhaupt ansprechen zu können. *Schlagen* tut der Bock den ganzen Sommer hindurch, besonders aber in der Brunft, und da er an geeigneten Stellen überall auf

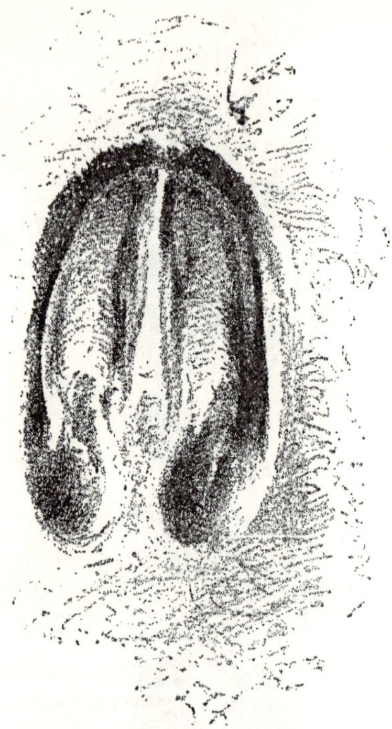

Abb. 27. Trittsiegel des vertrauten Rehbocks (natürliche Größe)

seinem Wechsel schlägt, ist er hieran am leichtesten auszumachen. Auch kann man aus der Dicke der Bäumchen, an denen der Bock fegt und schlägt, auf seine Stärke Schlüsse ziehen. Nach der Brunft schlägt der Bock in der Regel nicht mehr. Man findet aber ab und zu auch im Dezember oder Januar oder doch um diese Zeit geringe Stämmchen, an denen gefegt ist. Diese Fegebäumchen rühren von Kitzböcken her, die stark aufgesetzt und hier ihre ersten Gehörnchen des Bastes entledigt haben. Oder es handelt sich vielleicht auch einmal um Kitzböcke, die nur anomal lange Rosenstöcke durch die Kopfhaut schoben, und um mutwilliges Schlagen mit diesen Knöpfchen. Ganz ausnahmsweise findet man auch wohl einmal eine „Fegestelle“ in der Abwurfzeit. Festgestellt ist, daß der zahme Bock in jener Zeit, um sich der Stangen zu entledigen, heftig mit ihnen an Gatterpfosten oder Bäume schlägt. Dasselbe geschieht auch in freier Wildbahn an Stämmchen, wodurch Rindenabscheuerungen, die Fegestellen ähneln, hervorgebracht werden. In der Nähe solcher ist hin und wieder die eine oder andere an der Abwurffläche mit Schweiß bedeckte Stange gefunden, die von dem Gesagten den Beweis lieferte.

Auch Plätzstellen verraten den Bock. Bekanntlich hat der Bock die Gewohnheit, auf seinem Standort oder auf seinem Wechsel mit einem Vorderlaufe zu plätzen, d. h. an verschiedenen Stellen zu scharren, das Laub, die Nadeln oder auch nur die Erde, auf Wiesen das Gras, zu bearbeiten und rückwärts zu scharren. Der Beweggrund könnte Mutwillen sein, allein er macht im allgemeinen bei seiner Arbeit keine diese Annahme rechtfertigende Figur. Seine ganze Haltung ist dabei durchaus keine herausfordernde, sondern eher eine ein gewohnheitsmäßiges Tun und einen gewissen Eifer ausdrückende. Ein Brunftplatz ist öfter ganz bedeckt mit solchen

Plätzstellen. Er plätzt aber auch öfter vor dem Stämmchen, an dem er fegt, und wenn er im Buchenhochwald plätzt, stellt er sich auch wohl unmittelbar vor einen glattrindigen Baum und reißt dann mit den Gehörnsprossen die Rinde auf. Diese Risse in der Rinde bedeuten aber nicht etwa, daß es sich um einen starken oder wohl gar Kapitalbock handelt, es sei denn, daß einmal sehr hoch die Rinde aufgerissen wäre, sondern sie sind nur ein Beweis, daß dort ein Bock steht; denn auch der Spießbock reißt bei solcher Gelegenheit die Rinde auf.

Ein sehr heimlicher Bock verrät auch wohl seinen Standort durch Schmälen. Der Bock schmält anders als die Ricke, und ebenso hat der geringe Bock auch eine andere Stimme als der alte. Die schmälende Ricke schimpft laut „bäu!“ oder „bau!“. Der Ton ist zwar kurz, aber zweisilbig, wenn auch beide Silben ineinander gezogen sind. Der Bock schmält „bö!“,

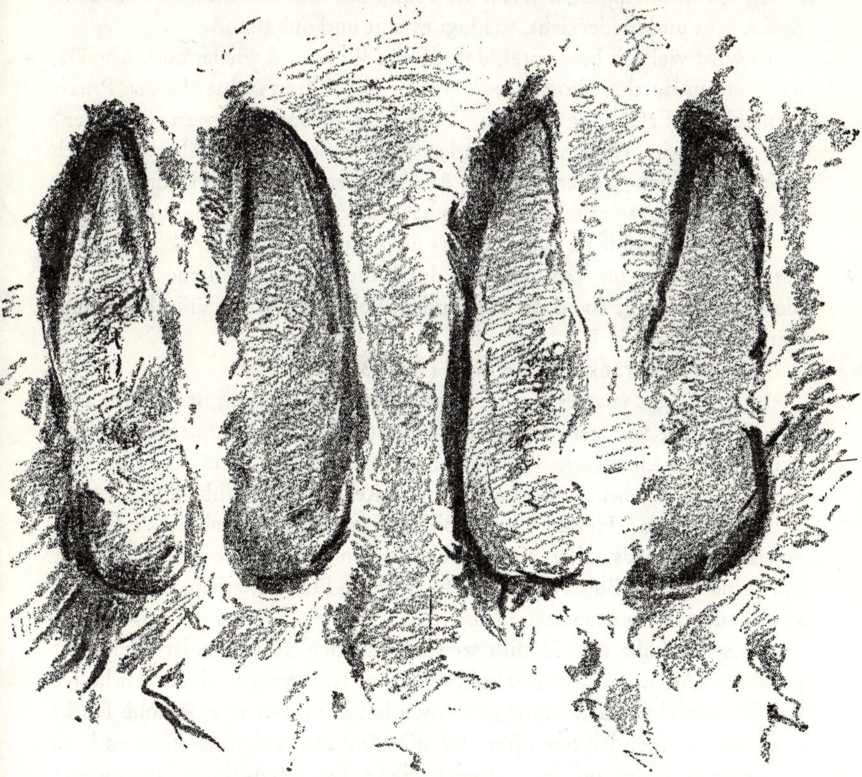

Abb. 28. Trittsiegel des vertraut trollenden Rehbocks (natürliche Größe)

und zwar so, als würde der Ton ganz hinten im Geäse erzeugt, also etwas dumpf. Eine alte Ricke läßt sich oft sehr lange hören, sie kann sich gar nicht beruhigen; der Bock schmält meistens nur einige Male hintereinander und schimpft dann öfter beim Abspringen noch einige Male: „bö!böbö! bö! bö! bö!“ Der Ton des starken Bockes ist viel tiefer als der des geringen. Das ist die Regel – aber wie es bei jeder Regel auch Ausnahmen gibt, schmält auch wohl mal eine Ricke ähnlich wie ein Bock und auch umgekehrt. Meistens irrt man sich aber nicht.

Das Reh klagt öfter auch bei Schmerzempfindungen, sei es nach dem Schuß, sei es, wenn es vom Hunde niedergezogen wird.

Kitze und *Jährlinge* stoßen hin und wieder, wenn sie die Kugel erhalten haben, einen einzigen gellenden Klagelaut aus. Starke Böcke klagen nach Erhalt der Kugel nie, wohl aber zuweilen, wenn der Jäger nach ihnen greift, um sie abzunicken. Wenn der Hund das kranke Stück, ob *Bock* oder *Ricke*, faßt und niederzieht, so klagt es laut und anhaltend.

Es wird vielfach behauptet, daß der Bock hin und wieder auch schmäle, wenn er gut durchgeschossen sei. Darüber habe ich in meiner langen Praxis keine eigene Erfahrung gemacht. Zwar ist es mir auch passiert, daß „der“ Bock, als er im Holz verschwunden war, anfing zu schmälen und noch weit talaufwärts weiterschmälte. Als ich aber meinen Bock am anderen Morgen suchte, lag er talabwärts; es hatte also ein anderer Bock geschmält.

Die Schalenhohle ist etwas anders als beim Rotwild. Der Ballen sendet nämlich von der inneren Seite aus durch die Hohle eine feine Erhöhung, die beim Elchwild ebenfalls vorhanden, aber verhältnismäßig bedeutend stärker ist.

Im Ziehen schränkt das Rehwild (Abb. 30).

In der Flucht setzt es die Tritte sehr verschieden, doch ist bei ihm auch der mehr oder weniger verschobene Hasensprung die Haupttrittfolge. Ich habe eine von einem sehr flüchtigen Stück bei Schnee gezeichnet (Abb. 31).

Von der ungeheuren Sprungkraft des Rehwildes erzählt nach Landau Wilhelm IV. von Hessen ein Beispiel. Er sah zur Zapfenburg (Sababurg auf dem Reinhardswalde) einen Rehbock vom steilen Schloßberge herunter über einen hohen Busch eine etwa 15 m weite Flucht machen, ohne hierbei zu Schaden zu kommen.

Ich selbst habe eine ähnlich weite Flucht beobachtet, leider aber nicht gemessen. Als ich an der sehr steilwandigen Katzennase, einem Ausläufer des Süntels, einen Bock durchgeschossen hatte, machte er eine hohe Flucht nach der abfallenden Seite hin und stürzte dann erst mindestens nach 12 bis 14 m verendet auf den steinigen Hang. Der verstorbene Forstmeister Zieggenmeyer hat in der Ebene eine Flucht von 7 m gemessen.

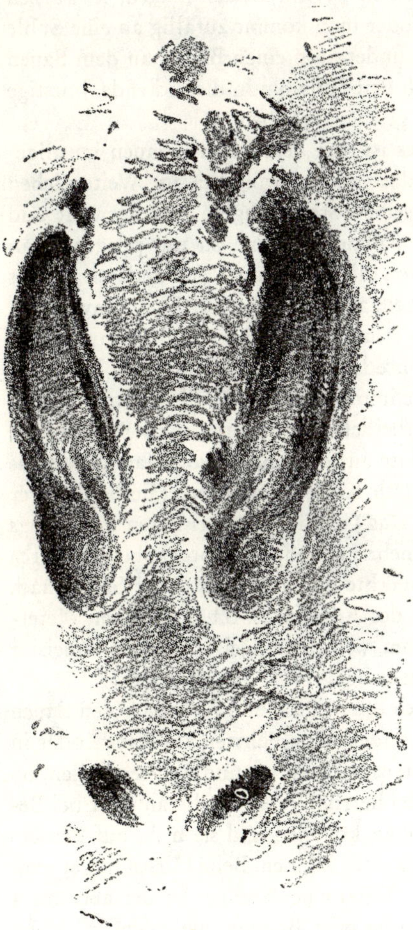

Abb. 29. Trittsiegel des flüchtigen Rehes (natürliche Größe)

Abb. 30
Ziehendes Reh

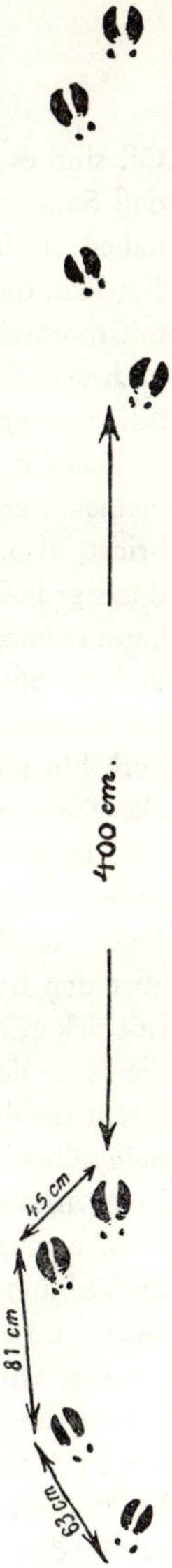

Abb. 31
flüchtig

DAS SCHWARZWILD

Oft sind es nicht die Fährten, die den Jäger darauf aufmerksam machen, daß Sauen zugereist sind und sich möglicherweise in dem Revier gesteckt haben, sondern man sieht es schon von weitem an den langen, schwarzen Furchen, die sie gebrochen haben, oder man kommt zufällig an eine Suhle mit morastig trübem Wasser oder findet auch einen Baum, an dem Sauen nach dem Suhlen frisch gemalt, sich den Schlamm in die juckende, borstige Schwarte und auch an dem Stamm gescheuert haben.

Das Gebräch des Schwarzwildes ist von dem zahmer Sauen im allgemeinen daran zu unterscheiden, daß jenes gewöhnlich im Weiterziehen bricht, also nicht auf ein und derselben Stelle längere Zeit verweilt und diese gründlich bearbeitet, wie es zahme Schweine zu tun pflegen. Man kann es auch auf den ersten Blick von allem ähnlichen Tun anderen Wildes dadurch unterscheiden, daß die Sauen, auch wenn sie nur Laub umwenden, um Baummast aufzunehmen, was ja auch Rot-, Reh- und Damwild tut, doch hin und wieder eine Furche brechen, um zur Erdmast zu kommen. Das Stechen des Dachses, das nicht immer mit den Krallen, sondern auch mit der „Nase" geschieht, unterscheidet sich dadurch vom Brechen der Sauen, daß er wohl mal mit der Nase auf einer Stelle von Handgröße das Moos oder Laub fortschiebt, um nach Kerfen zu suchen. Hierbei hebt er aber den Boden nicht mit heraus. Das Gebräch des geringsten Frischlings ist stärker, und es wird durch ihn mehr Erdboden emporgehoben als durch die Nase des Dachses. Bemerken möchte ich noch, daß grobe Sauen nach ihrem Lieblingsfraß, den Wurzeln des Adlerfarns, oft Löcher von Metertiefe selbst in steinigen Boden brechen, wie ich am Deister und Forstmeister ZIEGENMEYER im Solling beobachtet haben.

Wie schon erwähnt, werden auch öfter Suhle und Malbaum den Sauen zu Verrätern. Angenommen, man findet keine Fährten am Rande oder in einer frischen Suhle, was aber meistens der Fall ist, und will feststellen, ob sie vom Hirsch, Tier oder von Sauen herrühren, so wird man öfter bei Beantwortung der Frage in Verlegenheit kommen und sie nicht auf den ersten Blick oder auch gar nicht beantworten können. Beim Hirsch findet man hin und wieder den Abdruck eines Teiles einer Stange. Ist der aber nicht vorhanden, so sucht man nach Haaren oder Borsten, die einem ja sichere Auskunft darüber geben, ob es sich um Rotwild oder Sauen handelt. Findet man aber einen Malbaum, so ist man aus aller Verlegenheit; denn man kann schon, abgesehen davon, daß man Haare oder Borsten findet, an der

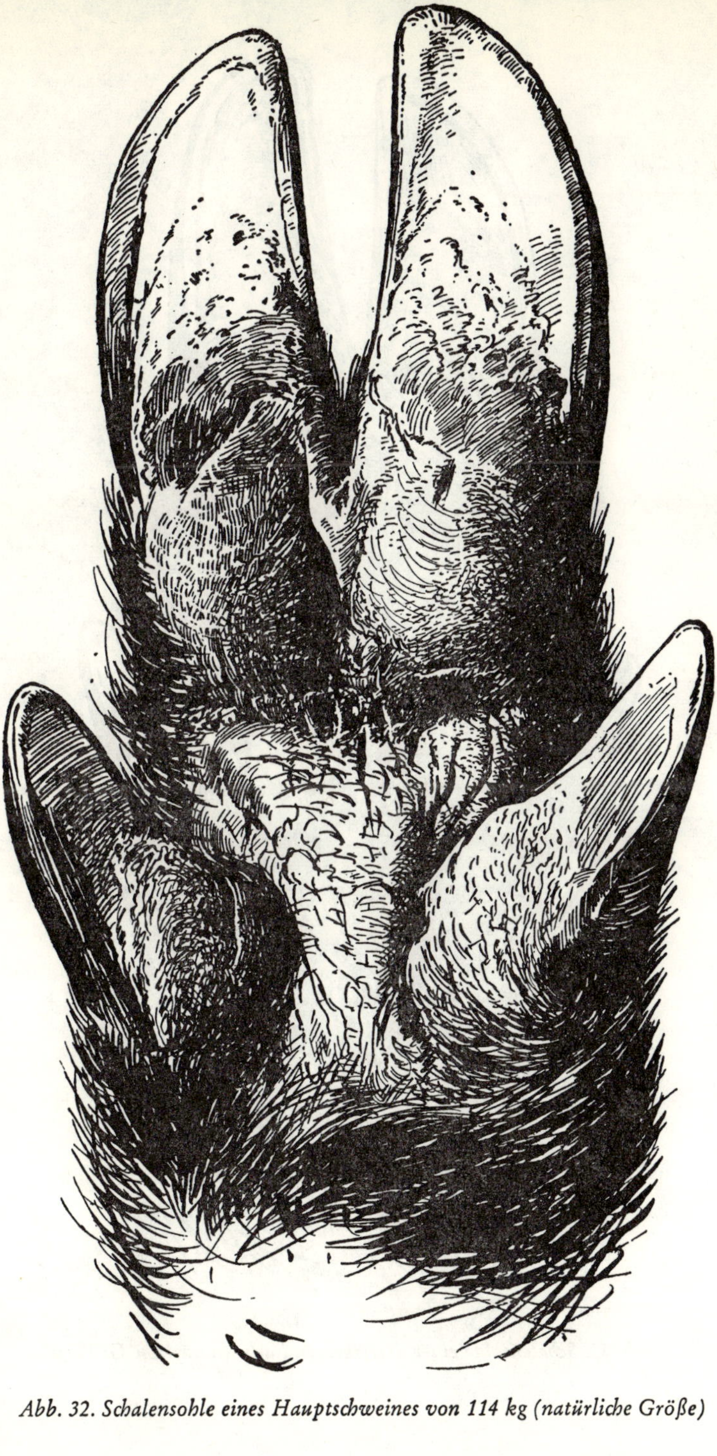

Abb. 32. Schalensohle eines Hauptschweines von 114 kg (natürliche Größe)

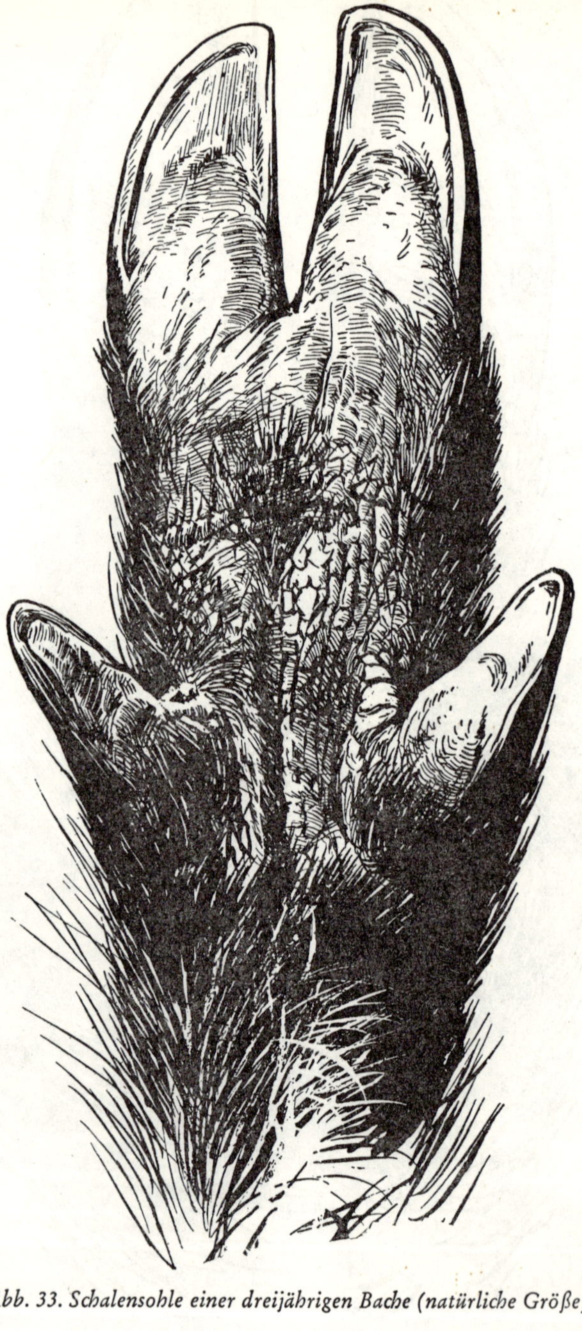

Abb. 33. Schalensohle einer dreijährigen Bache (natürliche Größe)

Höhe des Mals erkennen, ob es von Sauen oder Edelwild herrührt, nicht aber ob von Hirsch oder Tier.

Die Fährte der Sauen unterscheidet sich im Trittsiegel sehr scharf von der jedes anderen Schalenwildes, hauptsächlich auch von der des hier besonders in Betracht kommenden Rotwildes. Auf den ersten oberflächlichen Blick kann man beide, wenn sie nur einigermaßen ausgeprägt sind, an den Oberrücken erkennen. Beim Rotwild, bei dem sie sich nicht immer abdrükken, sehen sie, wenn es der Fall ist, ungefähr so aus, als hätte man mit einem nagellosen Finger mehr oder weniger weit hinter den Ballen in der Richtung schräg nach außen und hinten in die Erde gedrückt. Diese Oberrückenmerkmale liegen aber zwischen parallel laufenden Linien, die man von den äußeren Rändern der Ballen nach hinten zieht, oder die Spitzen der Oberrücken treten doch nur unwesentlich über diese Linien hinaus. Bei den Sauen drückt sich stets das Geäfter ab. Es ist länglich und auch bedeutend länger und steht dichter hinter den Schalen als das des Rotwildes, und seine Spitzen werden durch die eben beschriebenen parallelen Linien mehr oder weniger weit abgeschnitten.

Die beiden Schalenteile einer Schale sind beim Rotwild der Regel nach gleich lang, bei den Sauen der Regel nach verschieden lang. Man hört hierüber in Jägerkreisen wohl die Ansicht aussprechen, daß bei geringen Sauen die einzelnen Schalen ungleich lang wären, daß sich diese Ungleichheit aber nach und nach verliere, und daß angehende Sauen schon gleich lange Schalenteile hätten. Auch sollen bei den Bachen die Schalenteile ungleich lang bleiben, bei groben Keilern aber gleich lang sein. Auch soll gewöhnlich der äußere Schalenteil, und nur ausnahmsweise der innere der kürzere sein. Alles dies kann vorkommen, es kann aber auch anders sein, und ich habe auch alle diese Verschiedenheiten selbst beobachtet und auch festgestellt, daß die Schalen eines Frischlings gleich lang und die eines Hauptschweins verschieden lang waren. Man sehe sich hierauf die Schalen des Frischlings, der groben Bache und des Hauptschweins an, die ich sämtlich durch die Liebenswürdigkeit des Fürstlichen Oberhofjägers Rabe aus dem Brandshofer Park bei Bückeburg erhalten habe. Der Frischling hat gleich lange Schalen, und beim Hauptschwein und der groben Bache sind die Schalenteile verschieden lang, die inneren länger als die äußeren.

Auch bei Schnee ist ein starker Keiler unschwer von einem sich gleich stark spürenden Hirsch zu unterscheiden, weil das Geäfter beide verrät und auch die Schrittlänge des ebenfalls schränkenden und auswärts tretenten Schwarzkittels kürzer ist als die des Hirsches. Ist aber in die Fährte frischer Schnee gefallen, oder ist das Trittsiegel zusammengerutscht, so ist die Vertiefung, die durch den Tritt entstanden ist, beim Hirsch theoretisch

ein Parallelogramm, beim Keiler aber trapezartig, hinten breiter als vorn. Ähnlich unterscheiden sich auch unter denselben Verhältnissen die Trittsiegel von Reh und Fuchs. Liegt der Schnee aber so tief, daß man auch dieses Zeichen nicht erkennen kann, so fängt der Keiler an, mit den Borsten des Bauches zu schleifen – der Fuchs mit der Lunte oder auch mit den Bauchhaaren.

Die Sauen betätigen öfter die Gewohnheit, daß bei Schnee ein Stück hinter dem anderen genau in derselben Fährte zieht, so daß man nicht feststellen kann, um wieviele Stücke es sich handelt. Das kommt auch bei einer Rotte Wölfe vor. Der eine Wolf setzt hierbei aber seine Pfoten genau in die Tritte des vorderen, so daß man nur einen einzigen Wolf zu spüren meint, während die Sauen nicht die Schalen genau in die Tritte der vor ihnen trollenden setzen, sondern nur dieselbe Fährte halten. Man kann aber auch daran sofort erkennen, ob die Schneefurche von Sauen herrührt, daß stets in ihr Scha-

Abb. 34. Schalensohle eines Frischlings von 22 kg (natürliche Größe)

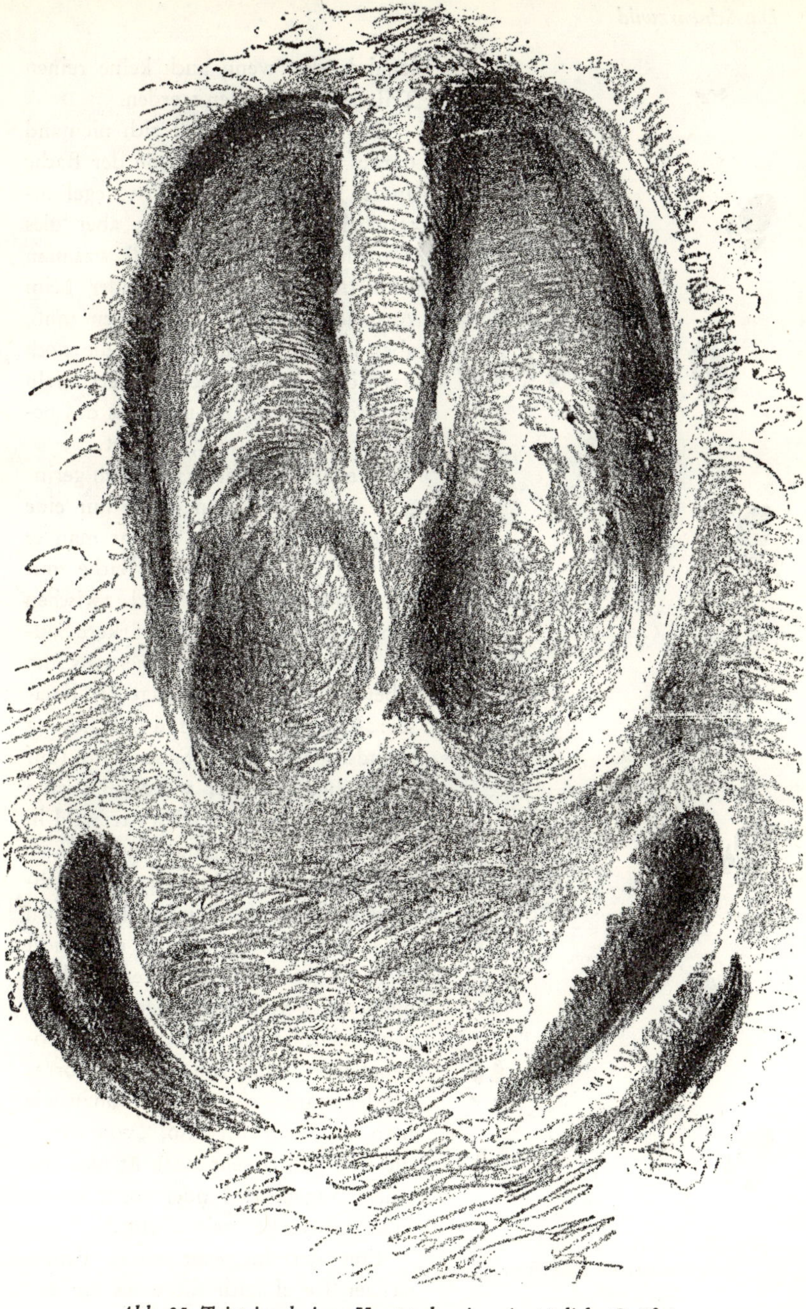

Abb. 35. Trittsiegel eines Hauptschweines (natürliche Größe)

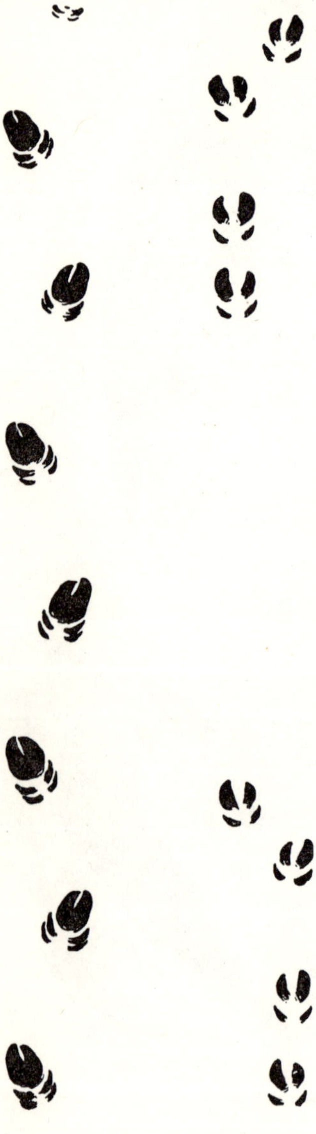

Abb. 36. Fährte einer ziehenden (links) und einer flüchtigen Sau (rechts)

lenabdrücke, wenn auch keine reinen Trittsiegel, gefunden werden.

Im allgemeinen läßt sich niemand darauf ein, den Keiler von der Bache an der Fährte oder dem Trittsiegel unterscheiden zu wollen. Da aber dies Werkchen nur das lehren soll, was man beim Ausüben der Jagd oder beim Ausmachen des Wildes wissen muß, aber nicht mit Künsteleien, die noch dazu öfter trügen, die Zeit vertrödeln soll, so will ich auch nur alles das beschreiben, was in Frage kommt.

Kreuzt man beim Einkreisen geringe Fährten, zwischen denen nur eine bedeutend stärker ist, so hat man es unzweifelhaft mit einer Bache mit Frischlingen zu tun. Sind zwischen den Frischlingen mehrere stärkere Sauen, auch wenn es sich meistens um Überläufer handelt, so sagt der Kreiser: „Es stecken in der und der Dickung soundso viele grobe Sauen und fünf Frischlinge." Früher wurde erst vom zweiten Jahre an das Schwarzwild in einer Rotte „grobe Sauen" genannt, so daß man beim Einkreisen von Frischlingen, Überläufern und groben Sauen sprach. Jetzt nimmt man dies nicht mehr so genau und berichtet im allgemeinen nur von Frischlingen und groben Sauen. Ist aber zwischen den „groben Sauen" eine von ganz hervorragender Stärke, so fügt man hinzu wie man sie anspricht, also, „von denen die eine Fährte sehr stark ist und von einem angehenden oder sogar einem Hauptschwein zu sein scheint."

Eine einzelne, sehr starke Fährte ist der Regel nach die eines Keilers, der nach Eigenschaft, außerhalb der Rauschzeit ein Einsiedlerleben zu führen, „Eingänger“ genannt wird. Diese Eigenschaft des Bassen ist schon in alten Zeiten bekannt gewesen, wie das althochdeutsche „einluzzo wilde eber“ für Eingänger und das französische sanglier, das vom lateinischen singularis abstammt, bekunden. Aber es kommt auch vor, daß eine grobe gelte Bache einsiedlerische Gedanken bekommt, nachts die Felder mit ihrem unliebsamen Besuche beehrt und in einem Feldgehölz steckenbleibt. Unter diesen Umständen ist es dann immerhin von einigem Interesse, das Stück nach der Fährte oder dem Trittsiegel richtig ansprechen zu können.

Der Keiler, der sich im allgemeinen stärker fährtet als die Bache, hat bei gleicher Fährtenstärke stumpfere Schalen; er prägt auch die Ballen stärker aus und zwängt mehr, d. h. er zieht die Schalen dichter zusammen als die Bache, die ein mehr gespreiztes Trittsiegel hat. Außerdem sagt noch Hans Friedrich v. Flemming 1711 in seinem „Vollkommenen teutschen Jäger“: „Ein feistes gutes Schwein tut den Beitritt wie ein Hirsch, auch das Blenden und den Hinterlaß“ (Zurückbleiben). In den verschiedenen Altersstufen sind die Fährten auch verschieden stark. Selbstverständlich ist aber auch die Stärke auf den verschiedenen Revieren mehr oder weniger verschieden voneinander. Georg Ludwig Hartig hat, wie beim Rotwild, auch beim Schwarzwild im Württembergischen die Länge und Höhe des Stückes selbst in den verschiedenen Altersstufen wie auch die Schrittlänge und das geschlossene Trittsiegel vor den Ballen gemessen.

Die Maße sind folgende:

Schwarzwild hat als	Eine Körperlänge	Eine Körperhöhe	Eine Breite der Fährte vom Vorderlauf	Eine Breite der Fährte vom Hinterlauf	Eine Schrittweite
	von cm		von cm		von cm
Frischling im Sommer	62	39	2,4	2,5	27
Frischling im Winter	–	–	3,5	3	30
Überläufer im Sommer	99	62	4	3,8	31
Überläufer im Winter	–	–	4,5	4	31
Zweijähriges Stück im Sommer	121	72	5	4,5	33
Zweijähriges Stück im Winter	–	–	5,5	5	34
Dreijähriger Keiler	132	77	6	5,5	37
Angehendes Schwein	155	83	6,5	6	37
Hauptschwein	166	88	7	6,5	47

Wie schon erwähnt, stammen die Läufe, nach denen die Schalensohlen gezeichnet sind, aus dem Park des Fürsten zu Schaumburg-Lippe. Die Schalen des Hauptschweins (Abb. 32), das aufgebrochen ein Gewicht von

228 Pfund hatte, stimmen in ihren Größenverhältnissen fast vollkommen mit denen der Hauptschweine HARTIGS überein. Die Breite der Fährte des Vorderlaufs beträgt 6 cm, bei HARTIG 5,9 cm, und die des Hinterlaufs 5,6 cm und bei HARTIG 5,5 cm. Die dreijährige Bache (Abb. 33) hat 151 und der Frischling (Abb. 34) hat 44 Pfund gewogen. Alle drei sind im letzten Drittel des November geschossen. Im Jahre 1899 erlegte Kaiser Wilhelm II. im Braunschweigischen Hofjagdrevier Heimburg bei Blankenburg, Harz, zwei Hauptschweine von aufgebrochen 410 und 416 Pfund. Der Kaiser erklärte, daß dies die stärksten von ihm erlegten Stücke wären.

Die Sauen schränken (Abb. 36) beim Ziehen und Trollen, der Keiler etwas mehr als die Bache. Beide treten etwas auswärts, und es deckt öfter auch wohl der Tritt des Hinterlaufes nicht genau den des Vorderlaufes, so daß zwei Geäfter hintereinander stehen. Doch dies ist eine Ausnahme, gewöhnlich macht die Sau den Schluß.

In der Flucht stehen die Tritte ungefähr wie ein Hasensprung, wenn auch hin und wieder wie ein etwas verschobener (Abb. 36 rechts).

DIE GEMSE

Die Fährte der Gams ist auch durch das Trittsiegel leicht von der jeden anderen Wildes zu unterscheiden; aber dort, wo Gemsen ihren Stand haben, ist der Boden ja meistens steinig oder so hart, daß sich gewöhnlich nur bei Schnee die Fährten und einzelnen Tritte scharf ausprägen. Der Bock ist von der gleich starken Geiß nicht nach dem Trittsiegel zu unterscheiden. Da der Bock aber stärker wird als die Geiß, so kann man ihn auch öfter nach der Stärke der Fährte ansprechen.

Die Schalen der Gemse sind dadurch von denen des anderen Wildes verschieden, daß die Ränder, die den Fels berühren (Sensel, Wand), weicher, gummiartiger sind als die der Hirscharten, so daß mit ihnen z. B. keine Gräser abgetreten werden. Immerhin sind sie härter als die Ballen beim Hirsch. Dieses Gummiartige des unteren Randes der Schalenwand hat den Zweck, daß die Gemse an steilen Wänden nicht so leicht ausgleitet. Auch unterscheiden sich ihre Schalen dadurch von denen der Hirscharten, daß bei ihnen die Ränder zwischen Spitze und hinterem Schalenteil kon-

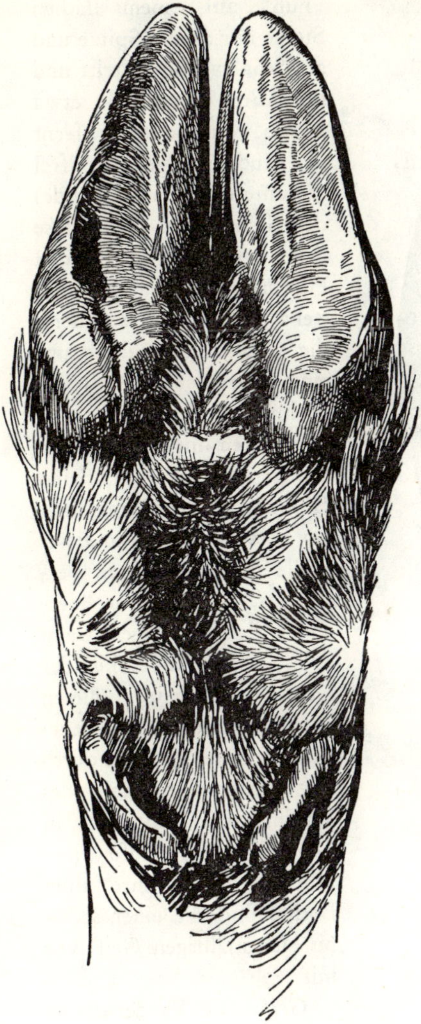

Abb. 37. Schalensohle des Vorderlaufes eines Gamsbockes (natürliche Größe)

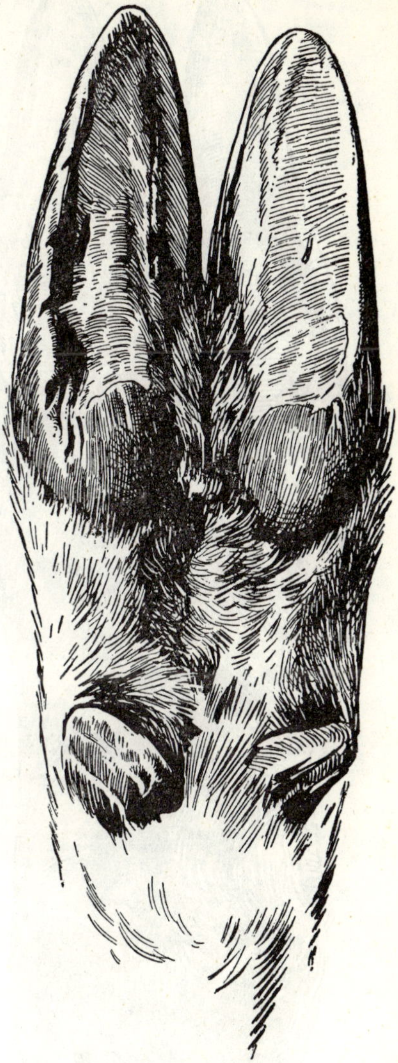

Abb. 38. Schalensohle des Hinterlaufes eines Gamsbockes (natürliche Größe)

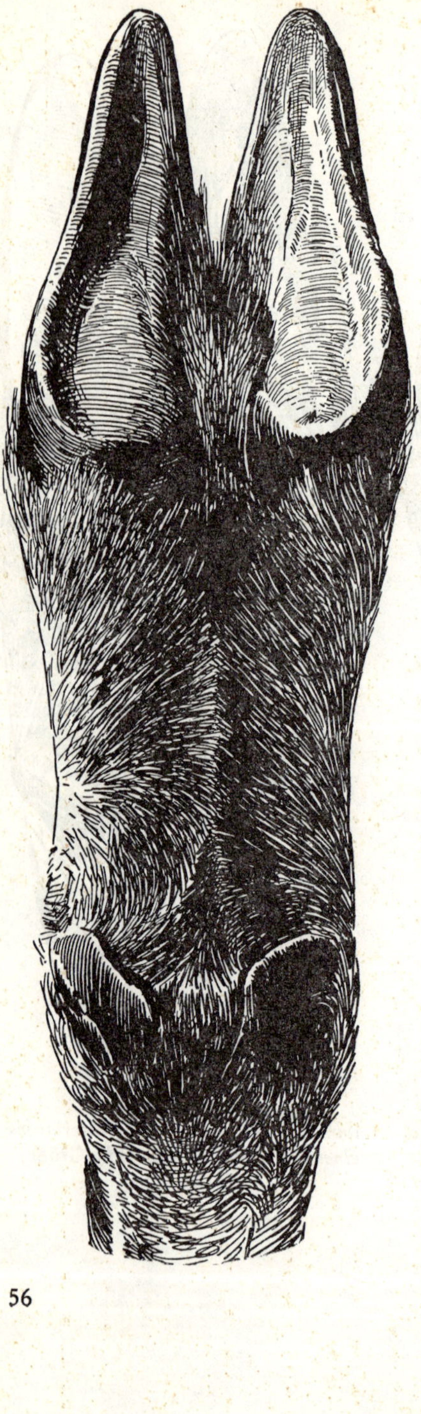

kav gebogen sind, so daß der „Fuß“ auf einem flachen Steine nur an der Spitze und am Schalenende auftritt und die Mitte der Schale etwa 3 mm vom Boden entfernt ist. Auch sind einwandfrei die unteren Ränder (Wände) der Schalen bei der Gemse bedeutend höher als bei den Hirscharten, so daß sie meistens nur kränzt, wie denn die Gamsschalen überhaupt eine tiefe, steilabfallende Höhlung bilden, wenn man von unten hineinsieht. Die Ballen treten in der tiefen Höhlung nur sehr wenig konvex hervor, doch ist an dieser Stelle die Schale stark verbreitert. Ich bin aber überzeugt, daß der Jäger, wenn es sich nur um die Ballen der Gemse handelte, diesen Waidmannsausdruck nicht erfunden hätte. Ich habe durch die Liebenswürdigkeit des Wildmeisters HENNINGS in Gmunden die Läufe eines acht bis zehn Jahre alten Bockes und die einer sechs- bis siebenjährigen Geiß vor mir.

Geiß. Die Vorderschalen sind 6 cm lang und, zusammengepreßt, mitten über den

Abb. 39. Schalensohle des Hinterlaufes einer Gamsgeiß (natürliche Größe)

Ballen 3,3 cm breit. Die Schalen der Hinterläufe sind 5,5 cm lang und ebenfalls 3,3 cm breit.

Bock. Die Vorderschalen haben dieselbe Länge und Breite wie die der Geiß und ebenso die Hinterschalen, die Spitzen sind aber abgerundeter und können auch nicht zusammengepreßt werden. Außerdem sind die Hinterschalen mehr nach außen gebogen als die vorderen. Sie machen einen herzförmigen, keinen länglichen Eindruck. Trotzdem die Maße der Scha-

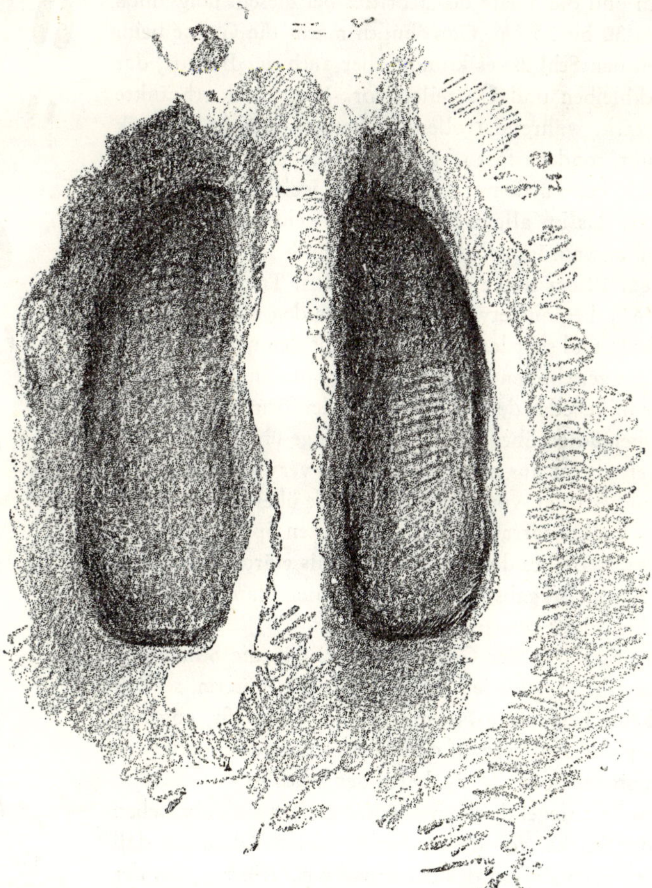

Abb. 40. Trittsiegel eines Gamsbockes (natürliche Größe)

len dieser beiden Kapitalstücke dieselben sind, sind doch die des Bockes kräftiger, nicht so elegant wie die der Geiß.

Ein von Wildmeister Hennings auf zehn Schritt beobachteter sechs bis sieben Jahre alter Gamsbock zog, Äsung suchend, über einzeln liegende, 10 cm tiefe Schneefladen. Das Trittsiegel war etwas über 6 cm lang und seine Breite nur um wenige Millimeter geringer, es war also rechteckig, doch fast quadratisch. Die Entfernung der beiden Schalen voneinander, also das Fädchen, betrug 1 bis 1,2 cm und die Weite des Schrittes bei diesem langsamen Ziehen 30 bis 35 cm. Gewöhnlich macht die Gemse beim Ziehen den Schluß; es kommt aber auch der Beitritt, das Zurückbleiben und Übereilen vor. Jener Bock schränkte sehr stark, während trollendes Gamswild nicht so stark schränkt, sondern fast schnürt. Bei einer Schrittlänge von 45 bis 50 cm wurde nur 4 cm Schrankweite gemessen. Das Geäfter, das im allgemeinen nur in weichem Boden und Schnee ausgeprägt wird – der erwähnte Bock drückte es bei dem 10 cm tiefen Schnee bei jedem Tritt ab – (siehe Abb. 41), beginnt etwa 10 cm hinter den Schalen. Es ist sehr breit und sehr lang, steht aber mit den nach vorn und einwärts gerichteten Spitzen nur 2 cm auseinander. In der Breite mißt jeder der ein wenig muldenförmig ausgehöhlten Oberrücken über 2 cm, in der Länge über 4 cm. Jedes Geäfter scheint aus zwei miteinander verwachsenen Blättern zu bestehen, von denen das untere über das obere um etwa 1 cm hervorragt. Die abgerundeten Spitzen sind abgenutzt, so daß es den Anschein hat, als würden die Oberrücken beim Bergabsteigen an sehr steilen Hängen stark in Mitleidenschaft gezogen.

Der Standort der Gemse bedingt, daß die Schalenabdrücke sehr verschieden voneinander sein müssen, so daß sich keine bestimmte Norm, die für alles paßt, angeben läßt – ob sie steil bergauf oder bergunter oder in der Ebene zieht, ob der Boden felsig, hart oder weich ist.

Das Trittsiegel der Gemse unterscheidet sich, abgesehen von der Stärke, von denen der Hirscharten dadurch, daß beim ruhigen Ziehen das der Hirsche herzförmig, das der Gemse aber rechteckig, fast quadratisch ist.

Daß sie beim Ziehen schränkt, habe ich schon erwähnt.

Abb. 41 Gamsfährte bei 10 cm tiefem Schnee

In der Flucht hat sie alle die verschiedenen Trittstellungen, die auch die Hirscharten haben, und die durch das Überfliehen der Vorderläufe durch die Hinterläufe hervorgebracht werden und mit mehr oder weniger stark verschobenen Hasenspuren Ähnlichkeit haben. Im übrigen ist das Ansprechen der Fährten der Gams schwierig und fast ausschließlich nur im Schnee möglich. Liegt er sehr hoch, was ja im Hochgebirge die Regel ist, fällt der Schnee in die einzelnen Fährtenabdrücke und macht sie unklar.

DAS MUFFELWILD

Gewiß wird sich mancher Leser darüber wundern, daß das Muffelwild in der Fährtenkunde einen Platz gefunden hat, trotzdem seine Heimat Sardinien und Korsika ist und es in Deutschland ursprünglich nicht gestanden hat. Dieses interessante Wild, die starken Widder liefern begehrenswerte Trophäen, hat sich aber in Deutschland so vorzüglich eingebürgert und auch nach dem zweiten Weltkrieg in verhältnismäßig guten Beständen gehalten, daß eine Erwähnung dieser Wildart nicht nur erwünscht, sondern sogar erforderlich ist. Auch in Ungarn und Böhmen standen die Muffel in Parks und freier Wildbahn, und es ist festgestellt, daß dieses Hochwild ganz ausgezeichnete Eigenschaften besitzt. Ich nehme daher an, daß es sich weiterhin in vielen Revieren Deutschlands behaupten wird und daß die Widder durch die Hege nach wie vor kapitale Schnecken tragen und ihren Erlegern hohe Jägerfreuden bereiten werden. Zur Zeit befinden sich befriedigende Bestände im Harz, Taunus, Odenwald, in den Moselhängen und der Lüneburger Heide. Immer wieder liest man in den Jagdzeitschriften interessante Artikel über die Jagd und Pflege des Muffelwildes, die einen dankbaren Leserkreis finden. So ist die Hoffnung berechtigt, daß dieses so interessante wie imposante Wild auch in Zukunft Freunde und Beschützer behält.

Die Muffel treten zwar in die Felder aus, machen aber keinen wesentlichen Wildschaden, können deshalb auch in freier Wildbahn gehalten werden, da sie ihren einmal gewählten Standort ziemlich fest innehalten. Mit der kärglichsten Äsung fürliebnehmend, ist Wolfsmilch ihre Lieblingsäsung, und außerdem sind sie auch winterhart, so daß ihnen selbst die

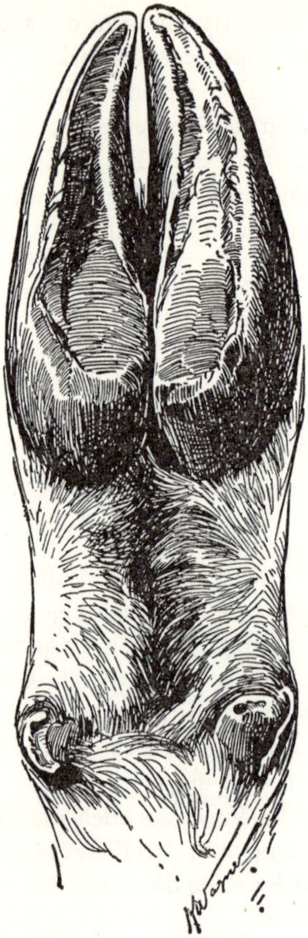

Abb. 42. Schalensohle eines geringen Muffel vom Hinterlauf (natürliche Größe)

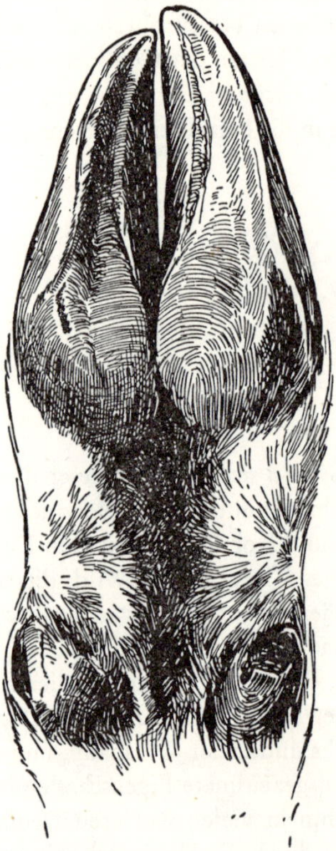

Abb. 43. Schalensohle eines geringen Muffel vom Vorderlauf (natürliche Größe)

Kälte bis 24 Grad unter Null nichts anhaben kann. Das Gewicht geht bis zu 40 kg. Es ist beobachtet, daß sie mitten zwischen Rot- und Damwild gestanden und dicht neben Rehwild geäst haben.

Die waidmännische Bezeichnung für Muffelwild ist: Widder, Schaf, Lamm, Widderlamm, Schaflamm, Schmalschaf, Mutterschaf, Geltschaf usw. Das Gehörn heißt Schnecke. Man spricht also vom Widderlamm im 1. Lebensjahr. Vom geringen Widder im 2. bis 3. Lebensjahr. Vom angehenden Widder im 4. bis 6. Lebensjahr. Vom jagdbaren Widder im 7. bis 8. Lebensjahr und darüber vom Kapitalwidder. Das Alter des Widders wird nach den Kruckenringen angesprochen: Im Sommer bilden sich bei guter Äsung breite, im Winter schmale Ringe. Diese sind die Jahresmarken. Hat der Widder z. B. fünf schmale Ringpartien, so ist er fünfjährig.

Da das Muffelwild winterhart ist, gehen selbst Lämmer, die im Winter und bei Schnee gesetzt sind, nicht so leicht ein. Das ansprechende Wild zeigte z. B. im Harz nur Licht-, keine Schattenseiten. Da es wenig auf die Felder tritt, schädigt es weder Wald noch andere Wildbestände, und sein Wildpret erweist sich dazu als sehr schmackhaft.

Ob in einem Revier Muffel stehen, kann man nur an den Fährten er-

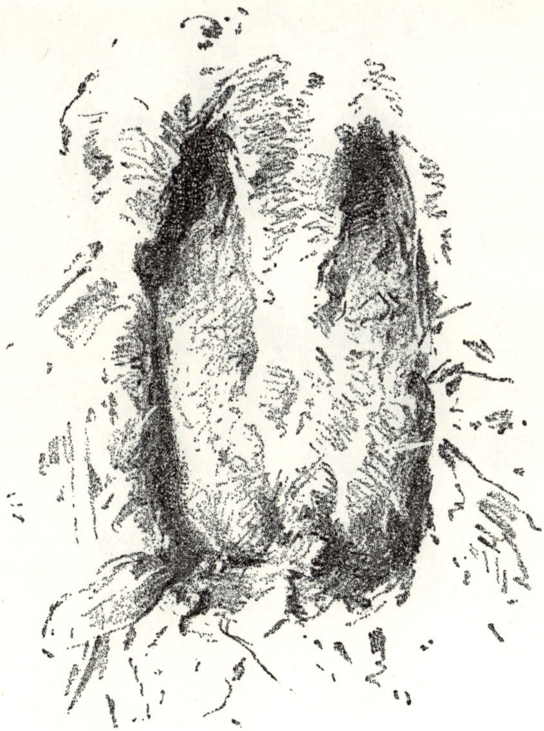

Abb. 44. Nach dem Trittsiegel eines vertraut ziehenden drei- bis vierjährigen Muffelwidders, das auf einer von Forstmeister Bittner, Malaczka, auf den Kleinen Karpaten ausgeschnittenen Tonplatte steht (natürliche Größe)

kennen und auch wohl an der Losung, die aber der des Rehwildes ähnelt. Sie ist grünlich braun und kommt in dreierlei Formen vor:

1. Bei trockener Äsung bildet sie harte Traubenknollen von unregelmäßiger Form oder aber
2. eiförmige kleine Beeren von einer durchschnittlichen Länge von 1,2 cm und einer Breite von nicht ganz einem Zentimeter. Bei jungen Muffels sind die einzelnen Beeren kleiner als bei älteren Stücken.

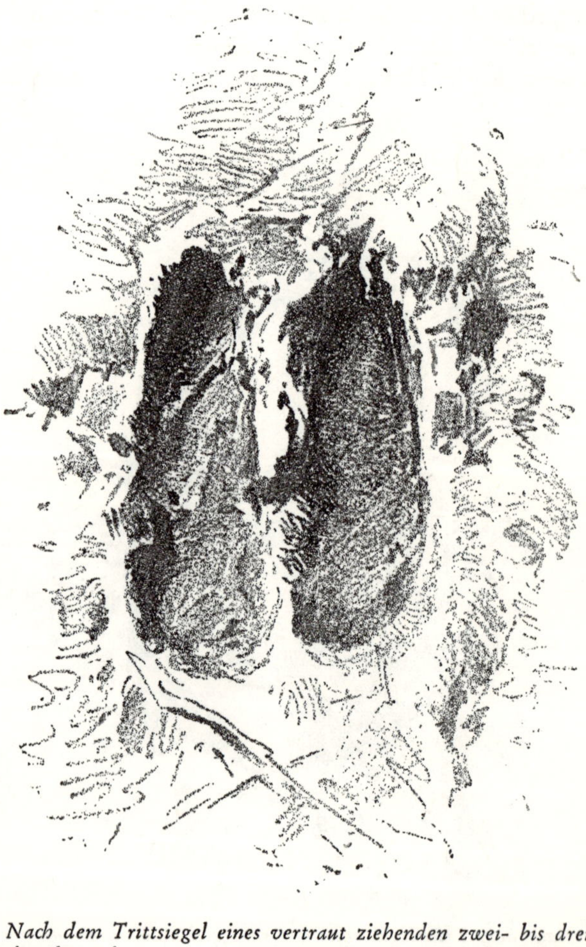

Abb. 45. Nach dem Trittsiegel eines vertraut ziehenden zwei- bis dreijährigen Muffelschafes, das auf einer von Forstmeister Bittner, Malaczka, auf den Kleinen Karpaten ausgeschnittenen Tonplatte steht (natürliche Größe)

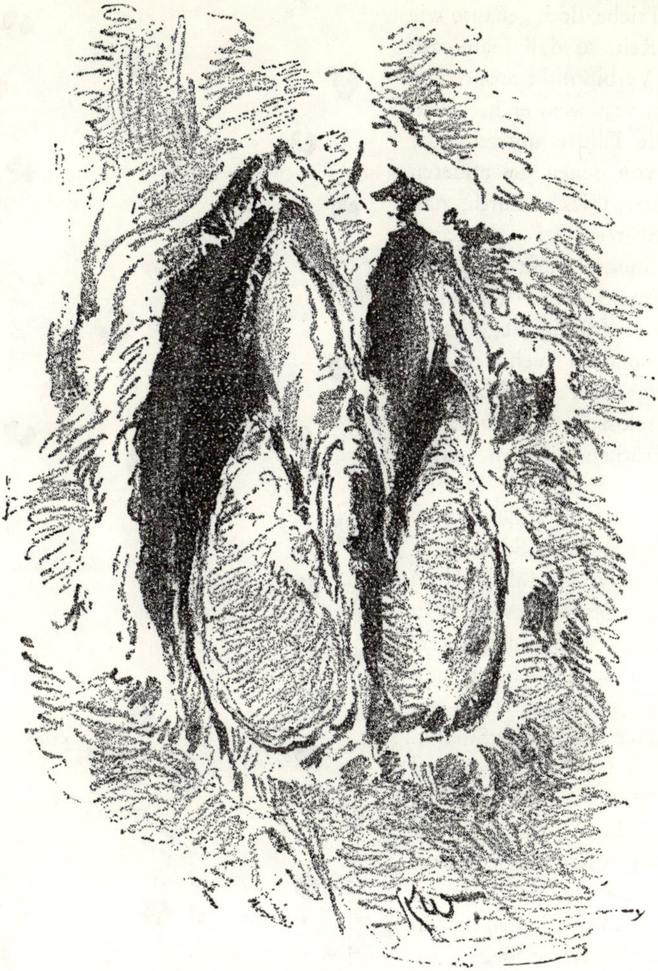

Abb. 46. Nach dem Trittsiegel eines einen Graben überfallenden Muffels, das auf einer von Forstmeister Bittner, Malaczka, auf den Kleinen Karpaten ausgeschnittenen Tonplatte steht (natürliche Größe)

3. Bei grüner Äsung, besonders Gras im Frühling, ist sie ganz breiig und etwas lichter gefärbt. Die Losung von Widder und Schaf ist nicht zu unterscheiden.

Im Monat März findet man auf den Wechseln oft ganze Haarschöpfe, die der Muffel in der Verfärbezeit verliert. Er verbeißt auch viel die jungen Triebe, doch genauso wie das Reh, so daß man nach dem Verbiß nicht ansprechen kann, von wem er herrührt.

Die Fährte unterscheidet sich von denen des anderen Schalenwildes dadurch, daß die Spitzen des Trittsiegels fast immer mehr gespreizt sind, und durch die nicht halbkreisförmig abgerundeten, sondern mehr eckigen Ballenränder und dadurch, daß selbst in der Flucht die Oberrücken niemals abgedrückt werden. Die Muffelfährte ähnelt in der Stärke keinem anderen Schalenwilde. Die Widderfährte kann von der des Schafes nur nach der Stärke unterschieden werden; sie ist etwas länger und breiter und auch etwas gespreizter als die des Schafes. Die Schalen vom Vorderlauf eines geringen Stückes, nach denen die Zeichnungen angefertigt sind, waren 5½ cm lang, die des Hinterlaufes 5 cm, und die Sohlen maßen an der breitesten Stelle vorn 3,3 cm, hinten 3 cm. An den Hinterläufen sind geringe Ballen; an den Vorderläufen liegen sie aber tiefer als die Wände, so daß sie sich am Boden nicht ausprägen können, was die der Hinterläufe aber tun. Selbst wenn man die Spitzen der Schalen zusammenpreßt, kann man zwischen ihnen durchsehen. Die Fährte ist auf den ersten Blick mit keiner anderen zu verwechseln (Abb. 47 a, b, c).

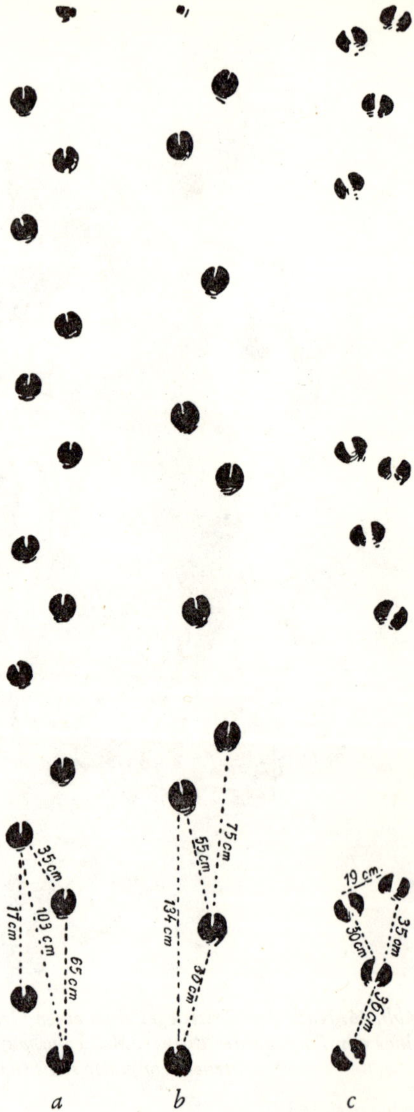

Abb. 47. Fährtenzeichen des Muffelwildes

Forstmeister BITTNER, dem ich diese Ausführungen verdanke, hat auch in den zur Herrschaft Malaczka des Fürsten Nikolas Palffy gehörenden Teilen der Kleinen Karpaten, wo ein stärkeres Rudel Muffel seinen Stand hatte, folgende Trittsiegelmessungen vorgenommen, und zwar die der ganzen Länge, der Breite an den Ballen und in der halben Länge.

	Länge cm	Breite in der halben Länge cm	Breite bei den Ballen cm
2jähriger Widder	6	3,8	4,4
2jähriges Schaf	5,5	3,2	3,7
2–3jähriges Schaf	5	3	3,4
2jähriges Schaf	5	2,4	3,2
2–3jähriger Widder	6	3,8	3,4
2jähriges Schaf	5,5	3,2	3,7
2jähriges Schaf	5	3	3,4
4jähriger Widder[1], schwach	5,5	4,3	4,4
14 Tage altes Lamm	2,4	1,2	1,7
14 Tage altes Lamm	2,4	1,3	1,4
1jähriges Schaf	4,6	2,7	3,2
3–4jähriger Widder	5,5	4,4	4,4

[1] Abstand der Spitzen voneinander bei diesem Stück 3,4 cm.

DER HASE

Die Spur des Hasen ist leicht zu erkennen. Er mag sich ganz langsam (rücken) oder rasch fortbewegen (flüchten), immer stehen die stärkeren Hinter- vor den Vorderpfoten. Nur wenn er sitzt, stehen die Vorderpfoten vor den hinteren, die im Schnee auch wohl bis zu den Hessen abgedrückt sind. Auch ist die Spur des Hasen bei der Fortbewegung, gleichgültig mit welcher Schnelligkeit, stets eine solche, daß die Vorderpfoten in einer Linie in der Richtung, in der er vorwärtsstrebt, voreinander stehen und die Hinterpfoten, die die vorderen beim Sprunge an beiden Seiten überfliehen, vor die Vorderpfoten nebeneinander oder auch wohl in etwas schräger Richtung zueinander gesetzt werden. Der Unterschied zwischen rasch und langsam ist nur der, daß die einzelnen Fluchten je nach der Schnelligkeit weiter oder näher auseinanderliegen und die einzelnen Tritte mehr oder weniger auseinandergezogen sind.

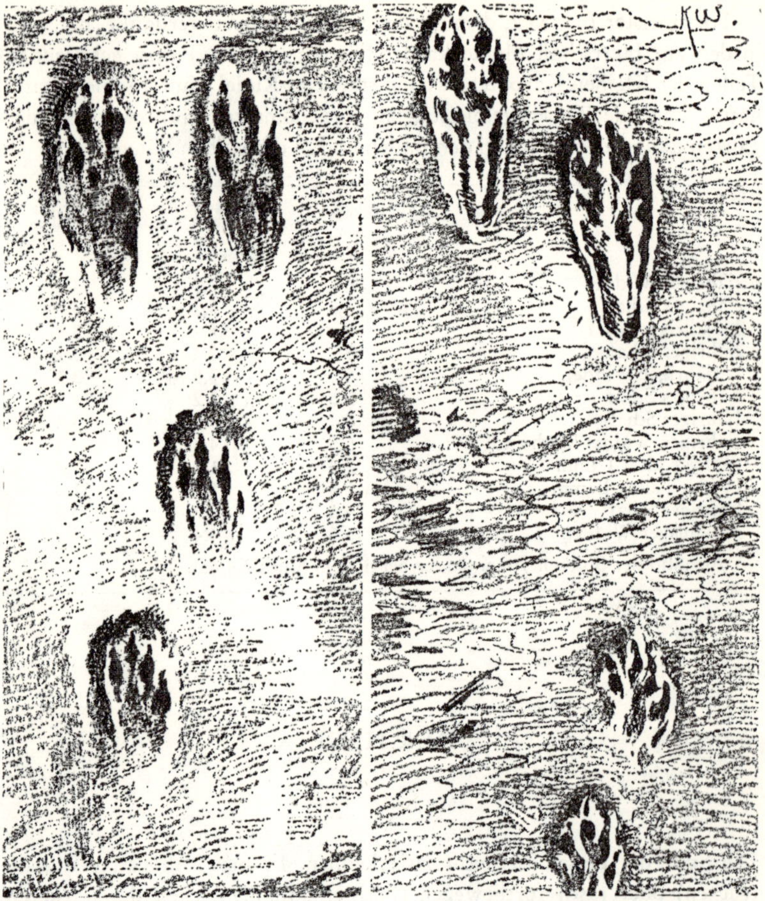

Abb. 48. Trittbilder des Hasen beim Rücken (Hoppeln) (links), in der Flucht (rechts) (etwa 1/2 natürliche Größe)

Der Hase rückt (Abb. 48 links), und flüchtet wie Abb. 48 rechts und Abb. 51. Ganz ausnahmsweise habe ich ihn auch im Walde so gespürt, wie es Abb. 52 zeigt.

Außerdem nagelt der Hase stark, so daß auf hartem Boden, auf dem die Pfoten keinen Eindruck hinterlassen, oft noch die Nagelspuren Meister Lampe verraten.

Der Hase hat allerlei Eigentümlichkeiten, von denen ich einige aufzählen möchte. Hat es in der Nacht stark getaut, und ist sein Balg unter dem

Leibe naß geworden, so wälzt er sich öfter, bevor er zu Holze rückt, auf einem staubigen Wege mit dem Bauche, damit die trockene Erde sich an die Wolle setzt. Dann springt er auf und macht schlenkernd und sich schüttelnd und springend allerlei Kapriolen, um sich vom naßgewordenen Staube zu befreien. Nachdem er dieses Spiel zwei- oder dreimal wiederholt hat, ist er ziemlich trocken geworden und sucht seine Sasse auf.

Die Hasen machen sich nicht jeden Morgen ein neues Lager, sondern sie benutzen dasselbe öfter und haben vielfach auch ein Lieblingslager, das sie bei der für dies bestimmte Lager passenden Witterung und Windverhältnisse immer wieder benutzen. Solche „Standlager" sind gewöhnlich an Rainen, in alten Steinbrüchen, an kleinen Hängen oder unter einem Busche nach der Sonnenseite hin gelegt. Der Hase sucht Überwind und Sonnenschein. Ich selbst habe einen Hasen gekannt, der schon im Sommer als geringer Dreiläufer in einem Kuhkampe an einem kleinen Hange zwischen Brombeerranken sein Lager hatte. Wenn mich mein Weg dort vorbeiführte, war er meistens zu Hause. Ich schoß ihn dann im November, als er aus demselben Lager rutschte.

Hat es bis kurz vor der Morgendämmerung geschneit, so kann man die Hasen „austreten". Findet man dann im Felde eine Hasenspur, so kann man annehmen, daß Meister Lampe nicht allzu weit von dort sitzt. Will man einen schießen, oder interessiert man sich für die Kniffe, die er anwendet, um es dem der Spur folgenden Feinde schwer zu machen, ihn im Lager zu finden, so geht man der Spur nach. Plötzlich scheint sie aufzuhören; man bemerkt aber bald, daß der Hase einen Widergang gemacht hat und auf der eigenen Spur zurückgehoppelt ist. Dort, wo der Widergang aufhört, hat dann der Hase einen Absprung gemacht, der links oder rechts von der Spur leicht zu finden ist. Der Absprung ist etwa 2 m weit. Wir wandern weiter. Jetzt hat der Hase ein halbfertiges Lager gescharrt; der Platz hat ihm aber nicht gefallen, er hat nach einigen Schritten ein zweites angefangen, ist weitergehoppelt, hat noch einen oder zwei Widergänge und Absprünge, auch einige Versuchslager gemacht, bis er endlich nach einem Absprung den richtigen Platz oder ein altes Lager gefunden hat. Hierbei sei erwähnt, daß er nur eigene ältere Sassen annimmt. Sassen anderer Hasen benutzt er nicht.

Liegt der Schnee fußtief, so gräbt Meister Lampe öfter mehr oder weniger lange Gänge unter dem Schnee und sitzt dann am Ende dieses Schneebaues. Diese Stelle markiert sich hin und wieder auf der Oberfläche des Schnees als geringe, zerknitterte Erhöhung oder auch als Atemloch. Tritt man dann von der „Einfahrt" an den „Bau" zusammen, so explodiert plötzlich die „markierte" Stelle, der Schnee fliegt nach allen Seiten hin in

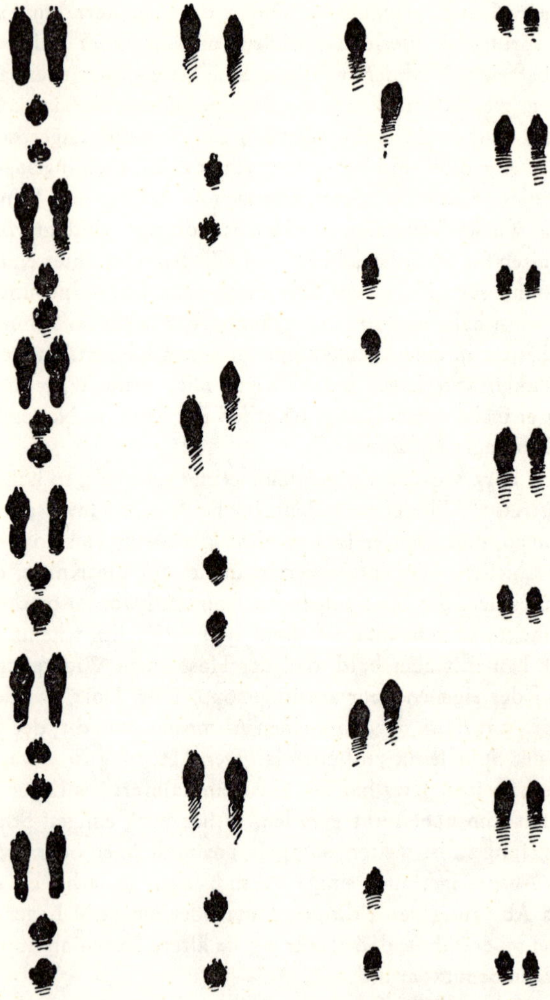

Von links nach rechts: Abb. 49. Spur des rückenden, Abb. 50. Spur des hoppelnden, Abb. 51. Spur des flüchtigen Hasen. Abb. 52. Seltenere Spur.

die Luft, und der brave Lampe macht mitten in den Schnee-Explosionstrümmern einen senkrechten Luftsprung.

Auf die Zeichen, die ein angeschossener Hase macht, will ich hier nicht weiter eingehen. Zur waidgerechten Ausübung der Hasenjagd gehört ein firmer Vorstehhund, und der führt schon selbständig den Beweis, ob der Hase so getroffen ist, daß er zur Strecke gebracht werden kann, oder nicht.

Zum Schluß möchte ich noch eine von mir gemachte Beobachtung erwähnen, nämlich die, daß sich angeschweißte Hasen, wenn sie sich schließlich drücken, so setzen, daß sie nach ihrer Spur hinäugen, also dahin, woher sie gekommen sind, um den sie verfolgenden Feind frühzeitig äugen zu können – gewiß auch ein Zeichen, daß Meister Lampe bei seinem Tun und Treiben nicht jeder Überlegung bar ist. Auf einer Treibjagd bei Schnee unterhalb des Deisters, die ich leitete, sah ich auf der Spur eines Hasen, nach dem geschossen war, und der wie gesund nach dem Walde lief, einige Tropfen Schweiß liegen und, da ich während der Jagd keine Zeit dazu hatte, nahm ich mir vor, am folgenden Tag nachzusehen. Dies geschah. Im Stangenholz war der hin und wieder schweißenden Spur leicht zu folgen, und ungefähr 400 bis 500 Schritt vom Anschuß sah ich dann schließlich auch den verendeten Hasen sitzen, der sich so an einen Stamm gedrückt hatte, daß er nach der Spur hinäugen konnte. Es beweist dieser Fall auch, wie weit ein tödlich getroffener Hase, selbst wenn er nicht gejagt wird, noch rennt, bis er sich vor dem Verenden schließlich drückt.

Über das Alter der Hasen wird viel herumgeklügelt. Dabei ist es aber verhältnismäßig leicht, ihn auf sein Alter anzusprechen, wenn der soeben geschossene Hase vom Hunde gebracht oder vom Treiber aufgenommen wird. Junghäschen – das ist jedem Land-, Forst- und Waidmann bekannt – haben auf der Stirn an den Löffelansätzen die weiße „Flocke". Diese Flocke wird zwar bis zum Herbst ihres ersten Lebensjahres merklich kleiner, ist aber beim im Dezember geschossenen „Dreiläufer" noch gut zu erkennen. Wer sich also von einer Treibjagd einen Hasen für seine Bratpfanne mitnehmen will, achte auf dieses gerechte alte Waidmannszeichen, er trägt nämlich einen zarten Braten nach Haus. Beim jährigen Hasen ist zwar nicht mehr von einer „Flocke" zu sprechen, doch sind noch 7 bis 10 weiße Haare auf der Stirn zu finden, die der Hase auch noch im Dezember des nächsten Jahres trägt. Solch ein Achtpfünder ist im Topf auch nicht zu verachten, ‿ber alles weitere, das ist dann – alt!

DAS WILDKANINCHEN

Die Spur ähnelt der eines halbwüchsigen oder noch geringeren Hasen so sehr, daß ich nicht weiter darauf einzugehen brauche. Auch ohne Karnickelbaue zu finden, kann man an den vielen ausgescharrten Vertiefungen erkennen, daß Karnickel auf dem Revier sind. Es scharrt zum Vergnügen, wo ihm irgend dazu Gelegenheit geboten ist. Der Unterschied zwischen den vom Karnickel gescharrten und den vom Dachs gestochenen Löchern ist der, daß die von diesem unten spitz, die des Karnickels aber muldenförmig sind. Zu seinen Eigentümlichkeiten gehört auch, daß es seine Losung, die der des Hasen gleicht, indessen entsprechend kleiner ist, partienweise auf bloßem Boden, Erderhöhungen, Maulwurfshügeln oder an ihm sonst zusagender Stelle ablegt. Das Karnickel ist scheinbar so schnell wie ein Hase, aber nur scheinbar. Das sieht man schon daran, daß man weniger weit vorhalten muß als beim Hasen, wenn es beim Treiben über die Bahn flitzt und ein die Karnickel nicht kennender guter Hasenschütze öfter vorweg schießt. Auch holt es ein guter Vorstehhund auf freiem Felde leicht ein, aber durch geschicktes Hakenschlagen weiß es sich dann doch öfter vor dessen Fängen zu schützen. Die auch heute noch sehr beliebte Jagd auf Karnickel mit dem Frettchen ist uralt, denn sie wurde schon von den Griechen und Römern betrieben. Diese hatten Karnickel und Frettchen von den Iberern, also aus Spanien, bezogen. HERODOT nannte die Frettchen „Tartessische Wiesel", d. h. spanische Wiesel, und VICTOR HEHN zieht daraus den Schluß, daß hiernach schon im 5. Jahrhundert vor Christi Geburt diese Jagdart in Spanien üblich war. Die Iberer hatten übrigens das Frettchen von der Nordküste Afrikas, wo es in wildem Zustand lebte, eingebürgert.

DAS EICHHÖRNCHEN

Das Eichhörnchen gehört zwar nicht zum Wild, ich will seine Spur aber trotzdem beschreiben, weil sie im beschneiten Wald öfter gefunden wird und mancher, der sie sieht, vor allem Wanderer und Naturfreunde, vor Rätsel stehen. Außerdem ist es dem Jagdberechtigten nicht gesetzlich ver-

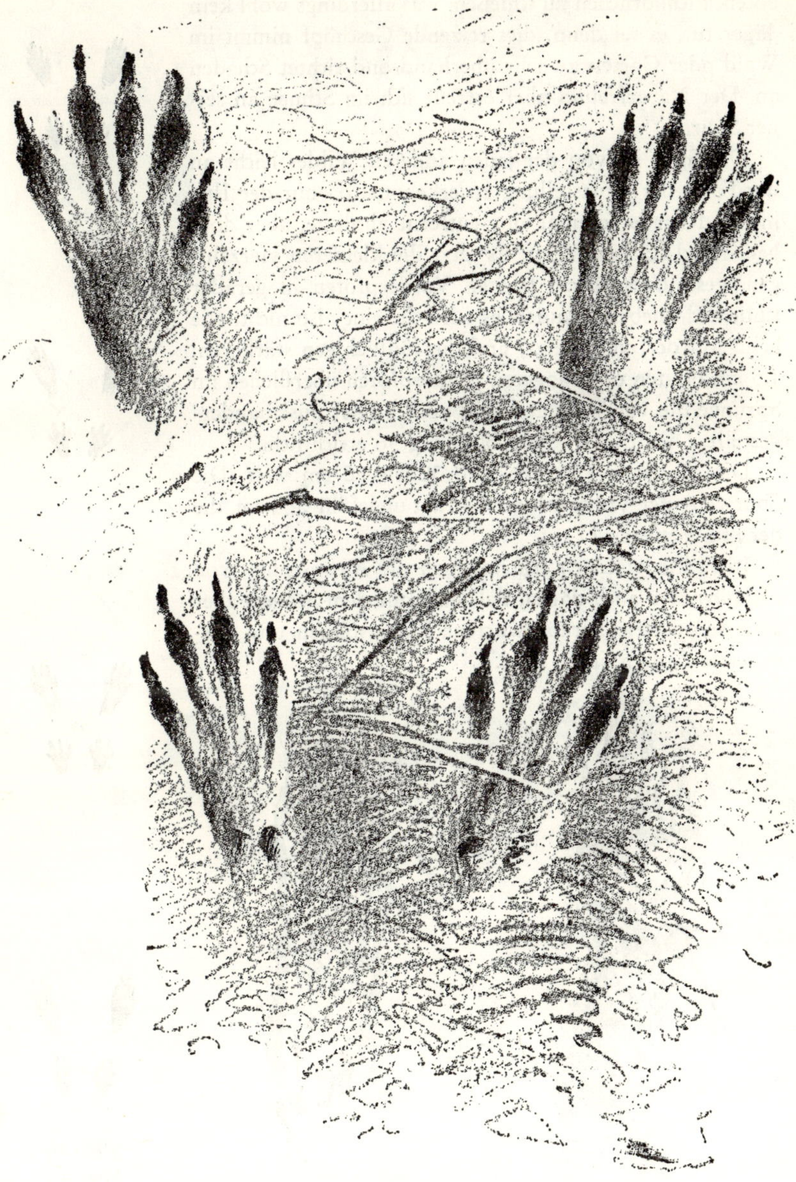

Abb. 53. Trittbild des Eichhörnchens (natürliche Größe)

boten, Eichhörnchen zu schießen, was allerdings wohl kein Jäger tut, es sei denn, dies reizende Geschöpf nimmt im Wald oder Garten zu sehr überhand und richtet Schaden an. Der Naturfreund aber erfreut sich im Schnee an seiner Spur.

Die Spur ist von der jeden anderen Wildes leicht an der Form der Trittstellung zu erkennen, da nur der Iltis hin und wieder einmal eine entfernt ähnliche, aber doch bedeutend stärkere zeigt. Es setzt die kleineren vierzehigen, geschlossen 1 cm breiten Vorderpfoten in gerader Linie dicht nebeneinander; es wird die eine also nicht, wie beim Marder, vorgesetzt, und die fünfzehigen stärkeren, 1,5 cm breiten und längeren Hinterpfoten überfliehen im Sprunge die vorderen und sind auch breiter auseinandergestellt. Die Spur ist aus Abbildung 56 ersichtlich.

Die einzelnen Fluchten sind 30 bis 90 cm weit. Die Spurweite der Vorderpfoten beträgt ungefähr $5^1/_2$ cm, die der Hinterpfoten 11 cm.

In Fichtenwäldern erkennt man die Anwesenheit von Eichhörnchen auch daran, daß man auf dem Schnee, aber auch sonst viele herabgeworfene Zweigspitzen und ausgepelzte Zapfen liegen sieht.

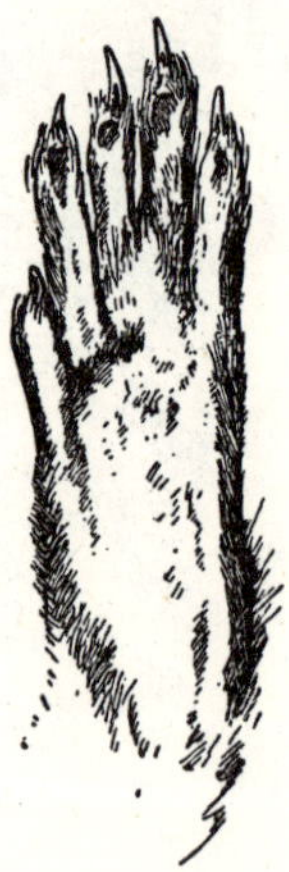

Abb. 54. Pfotensohle des Vorderlaufes. Abb. 55. Pfotensohle des Hinterlaufes des Eichhörnchens (natürliche Größe)

Abb. 56 Spur des Eichhörnchens

DER FUCHS

Der Jäger kann leicht auch ohne Schnee feststellen, ob er Füchse auf dem Revier hat, wenn er sein Augenmerk auf die *Losung* richtet. Meister Reineke löst sich gern auf Wegen, Grenz- oder Jagensteinen, Erdhaufen, Maulwurfshügeln, und wenn er verludertes Wild oder sonst ein Aas findet, so läßt er, mag er davon fressen oder nicht, zum Zeichen, daß er dort gewesen ist, seine Visitenkarte zurück. Diese Gewohnheit betätigt er auch auf dem Pauschplatze (Fangplatze), wenn durch irgendein Versehen beim Legen des Eisens sein Mißtrauen erweckt ist.

Der *Fuchsbau* unterscheidet sich durch ein ganz charakteristisches Merkmal vom *Dachsbau*, abgesehen davon, daß sich ein Fuchs auch wohl einmal bei einem Dachse einquartiert. Bezieht ein Fuchs oder ein Dachs einen längere Zeit nicht befahren gewesenen Bau, so ist die erste Arbeit, daß er gründlich gereinigt (ausgefahren) wird. Der Dachs wirft hierbei das Erdreich, rückwärts gehend, zwischen den Hinterläufen durch, scharrt aber an der Einfahrt (Geschleif) tiefer, als die lose Erde liegt, die er ausgefahren hat. Hierdurch entsteht eine tiefe, für den Dachsbau charakteristische Rille, die beim Fuchsbau nicht vorhanden ist. Vor dem Bau, in dem ein Fuchsgeheck steckt, findet man Hasen- und Rehkitzläufe oder sonstige Überreste und Federn von Federwild oder Hausgeflügel. Aus dem Geschleif fliegen in der warmen Jahreszeit Aasfliegen, und gewöhnlich macht sich auch ein Aasgeruch bemerkbar.

Sind die Welpen etwas herangewachsen, so werden sie von der Fähe ins Feld geführt, um allmählich selbst für sich sorgen zu lernen. Dann schlägt das Geheck auch wohl sein Quartier im Getreide in einem frisch angelegten Notbau auf, und es werden hier die plattgetretenen Spielplätze öfter zu Verrätern.

Hierzu will ich noch bemerken, daß Baue mit vielen Einfahrten Mutterbaue genannt werden. Mündet eine Röhre abseits von den übrigen, womöglich etwas versteckt, so heißt sie Fluchtröhre. Baue, die nur ein Geschleif haben, ebenso frisch im Felde angelegte, sind Notbaue. Die Stelle in einem Bau, von der in einer Röhre eine andere abzweigt, nennt man Kreuzröhre, und eine Röhre, die nach hinten keinen Ausgang hat, also sackförmig verläuft, Sackröhre. Bei vielen Bauen liegen die Röhren etagenweise übereinander, und die einzelnen Etagen sind dann durch schrägliegende Röhren miteinander verbunden – hin und wieder aber auch durch eine senkrechte Röhre, eine Fallröhre. Solche Baue sind oft für die Teckel

Abb. 57. Pfotensohle des Hinterlaufes des Fuchses (natürliche Größe)

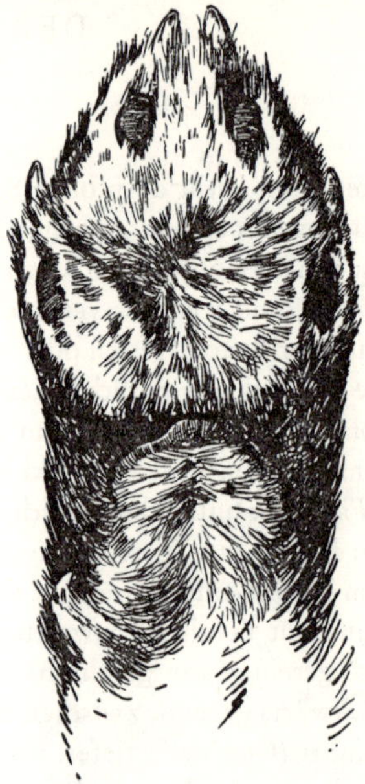

Abb. 58. Pfotensohle des Vorderlaufes des Fuchses (natürliche Größe)

sehr gefährlich; sie können wohl einfahren, aber nicht wieder ausschliefen und müssen dann baldigst ausgegraben werden. Es können natürlich eine ganze Reihe Formen der Röhren hieran Schuld haben. Ich habe vor vielen Jahren im Möllenbecker Revier im Kreis Rinteln wenigstens einen Grund, weshalb der Teckel nicht wieder ausschliefen konnte, feststellen können. Der Fuchs war gesprungen, Männe kam aber bis zum Abend nicht wieder aus dem Bau, doch hörte ich ihn tief unten scharren und Laut geben. Als er auch nachts nicht zurückgekommen war, machte ich mit einigen Arbeitern auf der betreffenden Stelle einen Durchschlag und sah nun, aus welchem Grunde Männe nicht heraus gekonnt hatte. Durch eine Fallröhre war zufällig die untere Etage mit einer Sackröhre verbunden. Der Fuchs konnte nun mit seinen langen Läufen in der Fallröhre hinaufklettern. Hierbei hat er wahrscheinlich den Rücken an die eine Wand, die Pfoten an die gegenüberliegende gestemmt. Das hatte Männe mit seinen kurzen Läufen nicht gekonnt, statt dessen aber gescharrt und hinter sich den Bau und sich selbst verklüftet, so daß er wie in einem Gefängnis eingeschlossen saß.

Nur der Waidmann, der den Unterschied zwischen Fuchs- und gleichstarker Hundepfote genau im Kopfe und die Trittsiegel beider öfter miteinander verglichen hat, kann das des Fuchses mit voller Sicherheit ansprechen. Es irrt sich hierbei mancher Jäger. Fuchs und Hund spüren sich beide mit vier Zehen, und beide nageln auch. Beim Fuchs beginnen die Außenzehenballen da, wo der Pfotenballen aufhört, und den vorderen Spitzen der Außenzehenballen stehen die hinteren Spitzen der Mittelzehenballen gegenüber. Beim Hunde aber reichen die Außenzehenballen etwa bis zum Drittel der Mittelzehenballen nach vorn. (Abb. 66.)

Die Trittstellung des Fuchses ist bei den verschiedenen Gangarten sehr verschieden.

Beim Traben schnürt er, und je rascher er trabt, desto näher kommen die einzelnen Tritte einer einzeln gedachten Linie (Abb. 59).

Ausnahmsweise stehen auf sehr kurzer Entfernung auch wohl die Tritte genau hintereinander.

Liegt etwa 15 cm hoher weicher Schnee, so schleifen die Pfoten etwas, bei tieferem Schnee von einem Tritt zum andern.

Wenn der Fuchs an etwas langsam heranschleicht, z. B. an den Abzugsbrocken auf dem Schwanenhals, so schränkt er derart, daß die einzelnen Tritte im Zickzack und dicht zusammenstehen. (Abb. 60.)

Bei sehr langsamer Flucht eines vertrauten Fuchses stehen die Tritte zu zwei und zwei schräg nebeneinander; es ist aber ein um ein weniges größerer Zwischenraum zwischen den einzelnen Fluchten als zwischen den Tritten der Vorder- und Hinterläufe (Abb. 61, gezeichnet bei 10 cm hohem Schnee).

Ist der Fuchs sehr flüchtig, so stehen die Tritte fast hasenartig, und die einzelnen Trittebilder sind nur durch einen kleinen Zwischenraum voneinander getrennt (Abb. 62, gezeichnet bei 20 cm hohem Schnee. Der Fuchs hatte mich im Feld auf 200 Schritte geäugt).

Je flüchtiger der Fuchs, desto weiter stehen die einzelnen Trittebilder auseinander. (Abb. 63, gezeichnet bei 20 cm hohem Schnee. Der Fuchs kam beim Reizen in den Wind.)

Sehr wenig kommen noch folgende Spuren vor: In voller Flucht, z. B. wenn er gefehlt ist, stehen die Tritte einige Fluchten weit wie in Abb. 64 und diesem ganz ähnlich beim Sprunge (Abb. 65).

Man kann die Fuchsspur von der Rehfährte bei losem, tiefem Schnee, wenn Spur und Fährte einrutschen, daran erkennen, daß das Reh mehr schränkt als der Fuchs. Man kann aber auch an einem einzelnen Tritte meistens schon beide unterscheiden. Beim Tritt des Rehes ist der hintere Teil etwas breiter als der vordere, weil die Oberrücken den Schnee mit

Abb. 59 Traben (Schnüren) — *Abb. 60 Schleichen* — *Abb. 61 mäßig flüchtig* — *Abb. 62 flüchtig* — *Abb. 63 sehr flüchtig* — *Abb. 64 nach Schreck* — *Abb. 65 beim Sprunge*

herunterdrücken; beim Fuchs ist der Tritt aber vorn und hinten gleich breit. Es kommt auch vor, daß an der hinteren Wand des eingerutschten Trittes der mehr oder weniger verwischte Abdruck des Oberballens sichtbar ist.

Sonst ist noch folgendes beim Fuchs zu bemerken:

Hin und wieder hört man abends und morgens in der Dämmerung das Klagegeschrei eines Hasen, ein sicheres Zeichen für den Jäger, daß der arme Lampe von einem Raubwilde gepackt ist, und er schließt daraus mit Recht, daß der Mitjäger ein Fuchs ist, wenn das Geschrei auf derselben Stelle bleibt, da der Hase mit Wiesel und Marder auf dem Rücken noch rasch weiterrennt. Einst kam ich bei starker Dämmerung vom Deister und hörte, als ich aus dem Walde trat, weit unter mir im Felde einen Hasen kläglich um Hilfe schreien, und da ich aus Erfahrung wußte, daß es öfter mehrere Minuten dauert, bis der rote Freibeuter einen starken Hasen abgewürgt hat, und dabei derart in Erregung gerät, daß er wie blind und taub ist, so lief ich, so rasch ich konnte, nach der Stelle hin, von der aus das Klagegeschrei zu mir heraufklang. Es kam aus einem kleinen Gerstenacker, aber es war schon so finster, daß ich in der reifen, also weißen Gerste nur einen dunklen Fleck sah. Nach dem Schusse hörte ich an den Halmen streifendes Wild flüchten. Als ich hinkam, fand ich Reineke verendet; er hatte also mit seinem Körper Lampe gedeckt und das Leben gerettet, denn ich fand den Hasen am anderen Morgen nicht, als ich ihn mit meinem Hunde nachsuchte.

Gewöhnlich fängt das meiste Raubwild seine Beute derart, daß es sie mit Nase und Sehern ausmacht und dann heranschleicht. Aber jeder hat

Abb. 66. Trittbilder. Links: Fuchs. Rechts: Hund (natürliche Größe)

nebenbei noch andere Jagdmethoden. Man hat wohl mal Gelegenheit, den Fuchs auf der Mäusejagd zu beobachten, da er kein ausgesprochenes Nachtraubtier ist, sondern gelegentlich auch bei Tage jagt. Bekommt er eine Maus in die Nase, zieht er langsam heran. Ist er nahe heran, so steht er einen Augenblick und sucht mit der Nase genau die Stelle zu ermitteln, wo sie sitzt, oder mit den Sehern, wenn sie sich bewegen sollte, und drückt sie dann, im Sprunge mit der Lunte die Luft peitschend, mit einer Pfote auf die Erde – ein reizendes Bild. Aber Reineke jagt auch parforce, besonders junge und kranke Hasen, auch Rehe im Winter bei tiefem, vielleicht krustigem Schnee, der die Läufe wund macht. Bei solcher Gelegenheit ist auch beobachtet, daß mehrere Füchse gemeinschaftlich, ja sogar laut jagen. Meistens nimmt der Fuchs aber doch nur krankes, geringes oder kümmerndes Wild und übt somit in gewisser Beziehung das Amt eines Sanitätspolizisten in Wald und Feld aus. Nur zur Zeit, da die das Geheck betreuende Fähe für Fraß zu sorgen hat, können teils mehr, teils weniger empfindliche Störungen und Übergriffe vorkommen. Der aufmerksam sein Revier begehende und betreuende Waidmann hat es also in der Hand, um diese Zeit sich ereignende Übergriffe dadurch abzustellen, daß er aufgefundene Gehecke aushebt oder durch Ansitz am Bau die Jungfüchse abschießt.

Im allgemeinen stecken in einem Revier oder besuchen ein Revier auf ihren Wanderungen bedeutend mehr Füchse, als der nicht mit Fangen auf dem Schwanenhals vertraute Jagdbesitzer annimmt. Der Virtuos auf dem Schwanenhals liefert hiervon sofort den Beweis. Der Fuchsfänger kann die Spurenkunde entbehren, nicht aber der Jäger mit der Flinte. Nur ein Beispiel: Es ist weiches Wetter, kein Schnee. Das Luder ist angenommen. Du findest Tritt an Tritt im ganz weichen Boden, alle in Fuchstrittstärke. Nachts um elf kommt ein Schatten angeschlichen, bleibt sichernd stehen, dann tritt er vorsichtig näher – ein Fuchs. – Nach dem Schusse klingt's kläglich auf: „Jauf! Jauf!" – Nachbars Peter, der Hofhund.

Schwenkt der Fuchs die Lunte nach dem Schuß, so bedeutet es: „Ade, auf Nimmerwiedersehen!" Stellt er sie aber steil in die Höhe, so ist es ein gutes Zeichen. Klagt der Fuchs nach dem Schusse mehrmals laut kreischend auf, so ist dieses Klagegeschrei zwar ein Zeichen, daß der Schuß ihn schmerzt (knochenzersplitternder Laufschuß; auch wenn man ihm mit der Kugel die Lunte abschießt), aber man bekommt ihn nur ausnahmsweise und in diesem Falle meistens auch nur mit einem guten Hund.

Keckert der Fuchs nach dem Schusse, so ist es nicht ausgeschlossen, daß er einen tödlichen Schuß hat; man bekommt ihn aber auch sehr oft nicht.

Fährt ein getroffener Fuchs in einen Bau ein und man hat keinen Teckel zur Verfügung, so liegt Reineke, sofern er tödlich getroffen ist, öfter am andern Morgen verendet in der Einfahrt der Röhre, oder aber man fühlt mit einem Stocke, daß er in einer Entfernung von der Einfahrt der Röhre liegt. In diesem Falle schneidet man an der Spitze des Stockes eine Kerbe, berührt mit ihr den Fuchs und dreht den Stock so lange um sich selbst, bis der Fuchs mit den Haaren festgedreht ist und herausgezogen werden kann. Ist er aber nicht tödlich getroffen, so braucht man nur vor jedes Geschleif ein eingekerbtes Stöckchen, in das man ein kartenblattgroßes Papierstück zwängt, stecken, dann bleibt der Fuchs bis zum nächsten Tage im Bau.

HAUSKATZE UND WILDKATZE

Nach Prof. Dr. NEHRING unterscheidet sich die Wildkatze von der gleichgefärbten Hauskatze durch den Sohlenfleck. Bei der Hauskatze soll der hintere Teil der Hinterläufe bis zu den Hessen schwarz gefärbt sein, die Wildkatze aber nur an der hinteren Seite der Hinterläufe, an die schwarze Pfotensohle anschließend, einen schwarzen Fleck von wenigen Zentimetern Höhe haben. Bei einigen mir vorliegenden Exemplaren reicht dieser Fleck 3 cm am Laufe in die Höhe. Es sind aber auch bei einigen zahmen Katzen NEHRINGsche *Sohlenflecke* festgestellt; das Unterscheidungszeichen ist also kein sicheres. So berichtete Dr. ERNST SCHÄFF, er hätte einmal im Zoologischen Garten, Hannover, eine wahrscheinlich dort großgewordene, herumstrolchende jüngere Hauskatze geschossen, die an den Hinterläufen ganz charakteristische Sohlenflecke besaß, dagegen nicht die ganz schwarzen Sohlen, und zog daraus den Schluß, daß der Sohlenfleck kein positiv sicheres Merkmal der echten Wildkatze ist, wohl aber ein negatives, d. h. das Fehlen des Sohlenfleckes ein sicherer Beweis wäre, daß es sich nicht um eine Wildkatze handelt. Aber auch dieser Schluß steht meiner Ansicht nach nur auf schwachen Füßen, denn ich habe durch die Liebenswürdigkeit des Oberst v. SPIESS in Hermannstadt zwei Paar Hinterläufe von Wildkudern aus den Transylvanischen Alpen in den Händen gehabt, von denen das eine Paar den Nehringschen Sohlenfleck hat; beim anderen Paar ist er aber durch ein breites, die Farbe des übrigen Hinterlaufes tragendes Band von oben nach unten in Teile geteilt, so daß vom Fleck an einer Seite nur ein schmälerer und an der andern ein etwas breiterer Streifen übriggeblieben ist. Es finden sich also sowohl bei zahmen als auch bei Wildkatzen Ausnahmen.

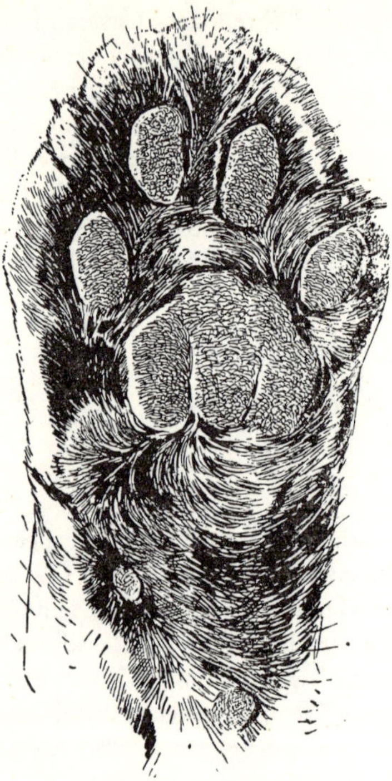

Abb. 67. Pfotensohle des Vorderlaufes der Wildkatze (natürliche Größe)

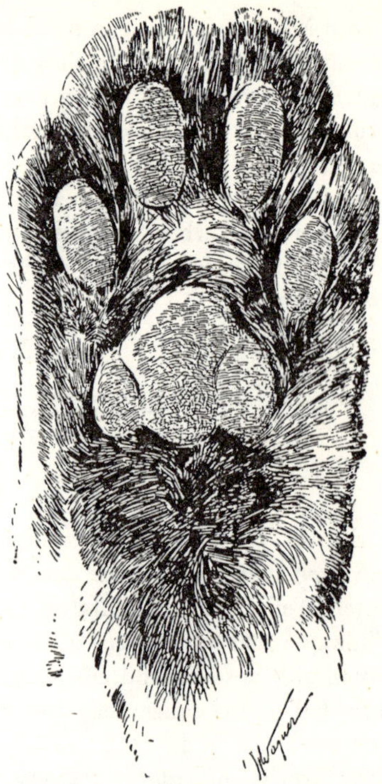

Abb. 68. Pfotensohle des Hinterlaufes der Wildkatze (natürliche Größe)

Ich habe aber schon früher bei Beschreibung einer am Süntel erlegten Wildkatze auf ein anderes Erkennungszeichen, den *weißen Sohlenfleck*, aufmerksam gemacht, den ich aus diesem Grunde den Karl Brandtschen Sohlenfleck nennen will. Die betreffende Stelle lautet: „Die Fußsohle ist bei allen vier Pfoten schwarz, mit Ausnahme eines kleinen schneeweißen Fleckes, welcher zwischen den Hauptballen und den Zehen sitzt, und auf welchen meines Wissens noch von keinem Naturforscher aufmerksam gemacht wurde." Dasselbe war bei all den später von mir gesehenen und ist auch bei den mir aus Ungarn gesandten Läufen der Fall. Bei einem ist jedoch der weiße Schopf, oberflächlich betrachtet, nur durch einige weiße Haare angedeutet; wenn man aber die Ballen auseinanderzieht, tritt auch hier das weiße Haarbüschel deutlich hervor. Auch der Wildkuder, nach dem im Otto Bockschen Atelier Karl Wagner die Pfoten gezeichnet hat, trug den Karl Brandtschen Sohlenfleck, und der Künstler teilte mir mit, daß sowohl OTTO BOCK als auch dessen Präparatoren bei Einlieferung von Wildkatzen, und das war damals jährlich eine ziemliche Anzahl, zuerst nach dem weißen Sohlenfleck sähen, um festzustellen, ob es sich auch wirklich um Wildkatzen handelte (Abb. 67 und 68).

Der Jagdmaler KARL WAGNER machte mich auf ein weiteres Unterscheidungsmerkmal aufmerksam, was bei einem ungarischen Wildkuder, nach dem er die Pfoten bei OTTO BOCK gezeichnet hatte, in scharfer Weise ausgeprägt gewesen sei. Dieser hätte an der Spitze der Lauscher ein Haarbüschel en miniature getragen, sozusagen nur ein Rudiment, eine Andeutung von dem fast fingerlangen Haarbüschel, der beim europäischen Luchs charakteristisch ist. Ich habe nun eine ganze Reihe von Wildkatzen, die das hannoversche Museum besitzt, hieraufhin angesehen und festgestellt, daß bei allen der Rand des oberen Teils der Ohrmuschel mehr oder weniger lang behaart ist und einige Exemplare Haarbüschel von über 1 cm Länge haben, während der Hauskatze diese über den Ohrmuschelrand hervorstehenden Haare fehlen. Sogar ein Blendling zwischen Angora- und Hauskatze hat ihn nicht (Abb. 72). DARWIN kennt aber auch Hauskatzen mit Haarbüscheln auf den Ohren; denn er sagt im zweiten Bande seines

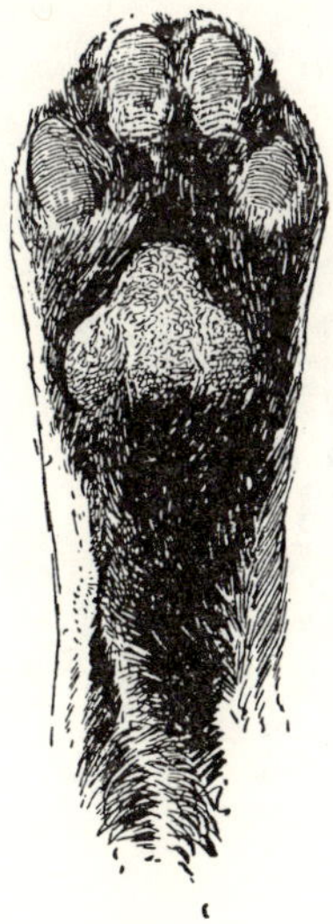

Abb. 69. Pfotensohle des Hinterlaufes der Hauskatze (natürliche Größe)

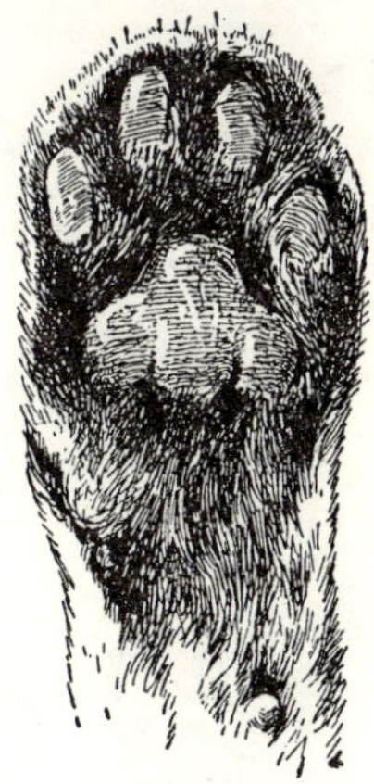

Abb. 70. Pfotensohle des Vorderlaufes der Hauskatze (natürliche Größe)

Werkes: Das Variieren der Tiere und Pflanzen im Zustande der Domestikation, wo er auch über analoge Abänderungen bei Rassen und Arten spricht, wobei nicht an Rückschlag gedacht werden kann, daß gewisse domestizierte Katzen leicht mit Ohrbüscheln versehene Ohren, ähnlich denen des Luchses, hätten.

Der Jäger will auf den ersten Blick den Unterschied zwischen den beiden Arten erkennen; deshalb sind für ihn die anatomischen, wie das von Professor Wilhelm Blasius entdeckte Kennzeichen, daß die Gaumenlöcher (Inzisivlöcher) bei der Wildkatze rund und bei der Hauskatze oval sind, auch von weniger großem Interesse als die vorher beschriebenen Merkmale.

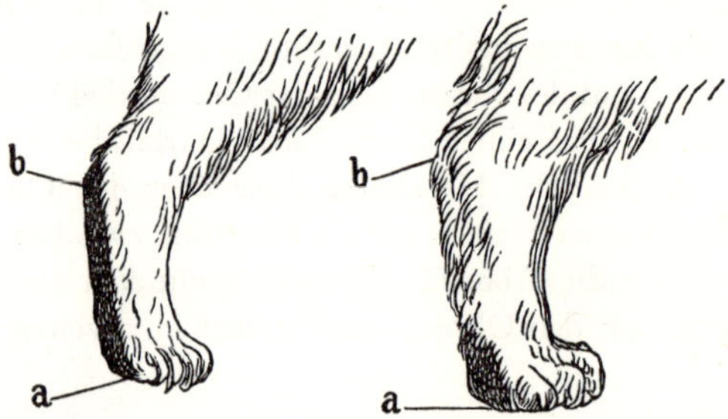

Abb. 71. Rechter Hinterlauf der Hauskatze mit dunkler Sohlenzeichnung b–a und rechter Hinterlauf der Wildkatze und Sohle b–a mit Sohlenfleck dicht über a

Abb. 72. Lauscher der Wildkatze (links) und der Hauskatze (rechts)

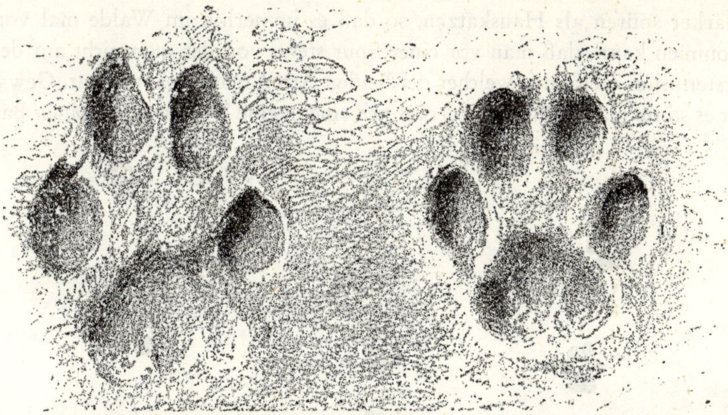

Abb. 73. Trittsiegel der Wildkatze (links), der Hauskatze (rechts) (natürliche Größe)

Daß sich Haus- und Wildkatzen paaren, ist erwiesen. Ich selbst bin zugegen gewesen, als in den Forsten des rechten Fuldaufers zwischen Kassel und Hann.-Münden in einem Jahre eine Wildkätzin geschossen wurde und im andern eine in allen Teilen der Wildkatze gleichende; nur hatte sie weiße Vorderläufe und weiße Brust. Ich selbst habe hier in den Vorbergen des Harzes eine in Rute, Färbung und Benehmen einer Wildkatze gleichende Katze geschossen, deren Nehringsche Sohlenflecke zwar scharf markiert waren, aber doch in etwas hellerer Nuance bis zu den Hessen fortliefen. Daß Wildkatzen auf einsam gelegene Gehöfte im Wald kommen und dort sogar in Heuböden oder Getreidebansen für längere Zeit Quartier nehmen, weiß ich aus eigener Erfahrung. Vielleicht treibt sie zu dieser zeitweisen Häuslichkeit ein zartes Verhältnis mit einer zahmen Schönen.

Daß sich Wildkatzen in einem Forst aufhalten, kann man nur an der Spur, vielleicht auch mal dadurch feststellen, daß man im Nachwinter nachts ihr der zahmen Katze ähnliches Ranzgeschrei hört. Die Spur gleicht der der Hauskatze sehr, doch ist sie im allgemeinen stärker. Bei den Wildkatzen sind Vorder- und Hinterpfoten fast gleich stark; ja, ich habe die Pfoten einer Kätzin gemessen, bei der die Hinterpfoten aber breiter waren als die Sohlen der Vorderpfoten. Die Sohlen der Vorderpfoten eines starken, etwa vierjährigen Kuders (Wildkater) messen $3^1/_2$, die einer mittelstarken Kätzin 3 cm in der Breite; die eines sehr starken Hauskaters sind aber nur 2,7 cm. Ich habe ferner festgestellt, daß im allgemeinen die Sohlen der Hinterläufe bei Hauskatzen etwas weniger breit sind als die der Vorderläufe. Natürlich gibt es auch schwächere Wildkatzen, die sich nicht stärker spüren als Hauskatzen, so daß es immerhin im Walde mal vorkommen kann, daß man vor einer Spur steht, von der man nicht auf den ersten Blick weiß, mit welcher der beiden Arten man es zu tun hat. Gewiß ist es schon manchem passiert, daß sich eine in eine Dickung oder einen Bau

Abb. 74. Spuren der trabenden (links), der flüchtigen Wildkatze (Mitte). Rechts: Spur der trabenden Hauskatze

gespürte vermeintliche Wildkatze beim Ausgehen oder Sprengen als verwilderte weißbunte Mieze entpuppt hat. In solchen Fällen ist es durchaus nicht leicht, die Spur richtig anzusprechen, besonders wenn der Schnee in ihr zusammengefallen ist oder wenn sie schon vom Tauwetter beeinflußt wurde.

Im allgemeinen wird nun wohl gesagt, daß die Hauskatze weniger behaarte Sohlen hätte als die Wildkatze. Das ist bei älteren Hauskatzen auch zweifellos der Fall, aber der Unterschied ist doch nicht derart, daß man daraufhin so sicher beide unterscheiden kann wie Baummarder und Steinmarder, was aber nach der Ballenstellung eines ausgeprägten Trittsiegels möglich ist.

Bei den Katzen steht der Daumen so hoch im Lauf, daß er den Boden nicht berührt, also hier nicht in Betracht kommt. Auch verschwindet er ganz im Haar, höchstens ragt aus ihm die nicht zurücklegbare Kralle hervor.

Die Hauskatze prägt im allgemeinen die Ballen sehr scharf aus. Es beginnen bei ihr die Außenzehenballen mitten an den Pfotenballen und reichen bis zur Mitte der Mittelzehenballen. Bei der Wildkatze beginnt der Kleinfingerballen, wo der Pfotenballen fast aufhört, und reicht bis zur Mitte des Zeigefingerballens, der nur bis zum Anfang der Mittelzehenballen nach vorn reicht (Abb. 73).

Bei diesen verschiedenen Trittsiegelformen mag immerhin die stärkere Behaarung etwas mitwirken. Es ist aber auch das Trittsiegel der Wildkatze im Verhältnis etwas länger als das der Hauskatze, bei der die Ballen im Trittsiegel halbmondförmig stehen – das Trittsiegel der Hauskatze ist runder und geschlossener. Obgleich die Außenzehenballen fast genau mit ihren Spitzen gleich weit nach vorn reichen, so bleibt im Trittsiegel doch, wenn auch selten, einer etwas zurück.

Von den ungefähr gleich starken Trittsiegeln des Fuchses, Hundes und anderer vielleicht in Betracht kommenden Arten unterscheiden sich die der beiden Katzenarten auf den ersten Blick dadurch, daß Fuchs und Hund nageln, die Katzen aber nicht.

Was die Spur betrifft, so schränkt die Wildkatze; bei schnellerem Traben grenzt das Schränken aber an Schnüren.

In der Flucht macht sie den Hasensprung.

Daß sich die Wildkatze mit der Hauskatze paart, ist schon gesagt. Ich bin auch dabei gewesen, als auf einer Treibjagd in der Waldung auf der Höhe des rechten Fuldaufers eine ältere Wildkätzin geschossen wurde und eine weißbunte, ganz junge, kaum halbwüchsige oder noch kleinere Katze, die alle bekannten Wildkatzenmerkmale hatte, mit Ausnahme der Farbe an den weißen Stellen des Balges. DARWIN teilt mit, daß Sir W. JARDINE nicht daran zweifle, daß im Norden Schottlands die Hauskatze sich gelegentlich mit der wilden Katze (Felis sylvestris) kreuze und das Resultat dieser Kreuzung in den Häusern gehalten würde. Er hätte viele der wilden Katze äußerst ähnliche Katzen gesehen, und eine oder zwei davon hätte man kaum von wilden unterscheiden können. Auch JEITTELES weiß ein Beispiel aus Ungarn zu erzählen, so daß an solchen Vorkommnissen nicht gezweifelt werden kann.

Die Wildkatze (mit Ausnahme der verwilderten Hauskatze) genießt nach dem Bundesjagdgesetz während des ganzen Jahres Schonzeit.

DER FISCHOTTER

Zu den heimlichsten aller Wildarten gehört der Otter, und nur selten glückt es dem Jäger, ihn bei seinem Tun und Treiben zu beobachten. Verhältnismäßig leicht ist es dagegen festzustellen, ob er an einem Fluß, Bach oder sonstigen Gewässer sein Wesen treibt. Aber er klebt durchaus nicht immer an den Ufern der Gewässer, sondern macht nicht selten Fußwanderungen von einem Flußgebiet zum anderen und scheut sich hierbei auch nicht, über Berge zu klettern oder kilometerweit vom Wasser in Dickichten oder Dachsbauten auszuruhen.

Eines der Anzeichen, daß dieser interessante Fischräuber einem Gewässer seinen Besuch abstattet, sind die Überreste seiner Mahlzeit, wenn sie aus einem großen Fische bestand – gewöhnlich der Kopf und das begrätete Rückgrat, von dem er geschickt das Fleisch abzutrennen versteht. Kleinere Fische frißt er gleich nach dem Fangen im Wasser auf, ohne sich die Mühe zu geben, zuvor an Land zu steigen. Die Überbleibsel des stärksten Fisches, die ich gefunden habe, waren die eines ungefähr 15 Pfund schwer gewesenen Lachses. Sie lagen oberhalb Rumbeck am linken Weserufer. Öfter habe ich auch gesehen, daß Nachtschnüre aus einem kleinen Flusse von einem Otter ans Land geschleppt waren und er die an ihnen hängenden Fische von den Haken gefressen hatte.

Auch beim Fischen selbst ist der Fischotter öfter beobachtet worden; dabei ist gesehen, daß er bei sehr tiefem Wasser auch wohl auf dem Rücken schwimmt und die Fische von unten packt.

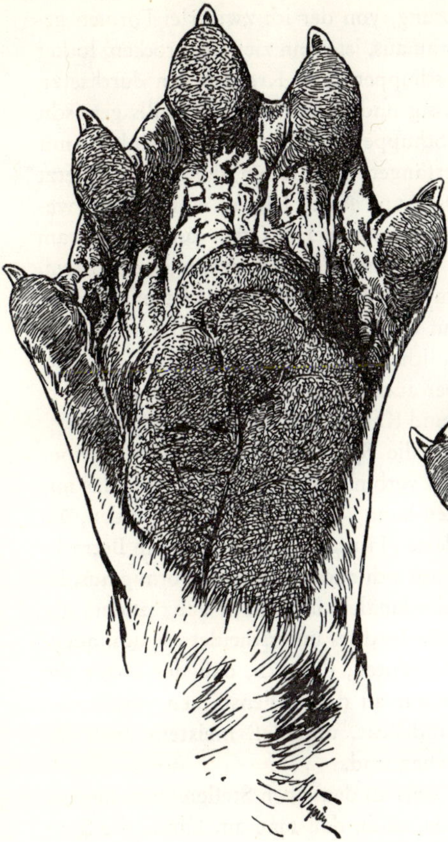

Abb. 75. Pfotensohle des Fischotters vom Vorderlauf (natürliche Größe)

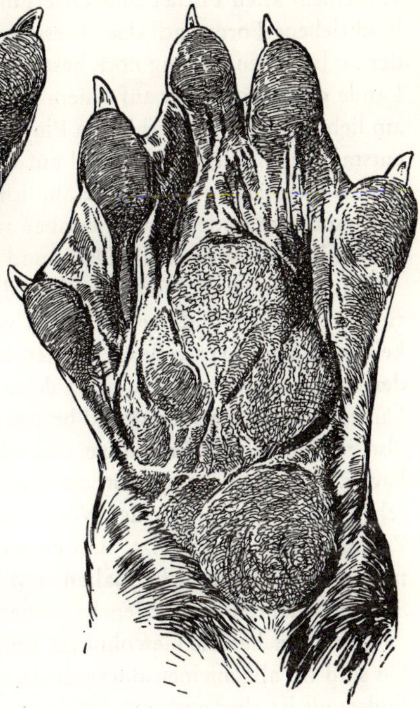

Abb. 76. Pfotensohle des Fischotters vom Hinterlauf (natürliche Größe)

Die Speisekarte des Otters ist aber durchaus nicht so einseitig, daß nur Fische auf ihr verzeichnet stehen; er raubt auch Wassergeflügel, und es sind sogar von einem alten Otterjäger (Pohl) mehrere Male Fischotter auf Tellereisen gefangen (als der Fang im letzteren noch gestattet war), die mit den Resten von Wild beködert waren (Hasen und Rebhuhn); ebenso ist auch beobachtet, daß er Entengelege aufgefressen hat. Es steht also ganz zweifellos fest, daß er nicht nur gelegentlich geringes Wild und Gelege annimmt. Bei dem nur spärlichen Vorkommen des Otters fallen jedoch diese Übergriffe fast gar nicht ins Gewicht.

Ein zweites Zeichen ist die Losung, von der ich zweierlei Formen gefunden habe. Entweder sieht sie grau aus, ist dann ziemlich trocken, locker zusammenhängend und mit Fischschuppen oder Krebsschalen durchsetzt, oder aber sie ist teerartig, dickflüssig und schwärzlich, ebenfalls gemischt mit unverdauten starken Gräten, Schuppen und Krebsresten. Ich habe mir von einem alten Fischer und Otterfänger sagen lassen, daß sie die zuletzt beschriebene Form nach dem Fressen von Aalen hätten, was ich aber weder zu beweisen vermag noch bestreiten kann. Der Otter löst sich stets am Lande oder auch wohl auf einem aus dem Wasser hervorragenden Stein, am liebsten auf einem erhöhten Platz am Ufer, auf einem kleinen, zufällig entstandenen Hügel, auch wohl auf einem Maulwurfshaufen, hat also bei diesem Geschäft zuweilen eine ähnliche Liebhaberei wie Meister Reineke. Auf sandigem Boden scharrt er aber auch die Losung zu, jedoch ohne vorher ein Loch zu stechen wie Dachs und Katze.

Das Hauptzeichen ist natürlich die Spur, das Trittsiegel mit seiner rundlichen Form und der die Zehen verbindenden Schwimmhaut, das mit keinem anderen verwechselt werden kann – selbst nicht in Gegenden, wo der Biber noch vorkommt. Denn dessen Hinterpfote, die allein in Betracht käme, ist ja hinten schmal und breitet sich nach vorn fächerförmig aus, ist also im Verhältnis zur Länge viel schmäler, überhaupt ganz anders gebaut als die Otterpfote. Von der des Dachses unterscheidet sie sich, abgesehen von den Krallen der Vorderpfoten, dadurch, daß der Otter die Zehen viel weiter spreizt, daß er nur an den Zehenspitzen verhältnismäßig kleine, rundliche Ballen abdrückt, und daß meistens auch die Schwimmhäute im Trittsiegel zu sehen sind.

Der Otter hat die Gewohnheit, stets an denselben Stellen auszusteigen. Sie sind im allgemeinen daran erkenntlich, daß man am Lande die Spur findet; oft ist aber auch nur das lange Gras zur Seite geschoben oder auch wohl etwas abgetreten, die sogenannten „Ottersteige". Auch ist der Ausstieg nicht immer eine flache Stelle, sondern oft am Ufer von tiefem Wasser. Eine Eigentümlichkeit des Otters ist es aber, nicht mehrere Tage hintereinander an ein und derselben Stelle des Baches zu fischen. Er wandert vielmehr einige Tage stromab und wendet sich dann wieder stromauf. Wahrscheinlich hat er für eine gewisse Zeit oder für immer ein bestimmtes Revier, das er abfischt. Von Otterfängern habe ich die Behauptung aussprechen hören, daß er in der siebenten Nacht nach demselben Ausstieg zurückkehrt, was natürlich nur bedeuten soll, daß erst mehrere Tage vergehen, bis man Aussicht habe, ihn wieder beobachten zu können. Aber schon hieraus geht hervor, daß ein ständiger Wechsel seiner großen Jagdreviere stattfindet und dadurch der von ihm verursachte Schaden nur ge-

Abb. 77. Fischotterspur, trabend, rechts flüchtig

ringfügig ist. Sehr gern hat der Otter seinen Ausstieg auch auf kleinen, im Bache liegenden Inseln, weil er sich hier wohl besonders sicher fühlt. Beim Traben macht er eine dem Paartritt der Marder ähnliche Spur, aber wohl in derselben Trittfolge, wie ich im Abschnitt über den Dachs vom Hunde angegeben habe (Abb. 77).

In der Flucht setzt er alle vier Pfoten in schräger Richtung nebeneinander, ein auf guter Spürbahn wirklich unverkennbarer Spureindruck.

Daß die Fischotterfähe zu verschiedenen Zeiten wölft, hat, glaube ich, zuerst Professor Dr. B. Altum festgestellt, und nach seinen Angaben in seiner Forstzoologie sind ihm folgende Fälle vom Auffinden ganz junger Welpen bekannt geworden: Zwei Fälle im Februar am 3. und 14.; ein Fall im März ohne nähere Angabe; zwei Fälle im April, ohne nähere Angabe; vier Fälle im Juli, am 3. und 8., und zwischen dem 15. und 20.; fünf Fälle im August, am 5. wurden vom Oberförster Reuter in der Garbe zwölf unter Reiserhaufen verschleppte blinde Junge aufgefunden, für die hier vier Weibchen angenommen sind, der fünfte Fall ohne nähere Angabe des Tages; ein Fall im November, am 1.; drei Fälle im Dezember, am 5.; 12. und 30. ... Es fehlen also nur die Monate Mai, Juni und September in diesem Verzeichnis, aber es geht aus ihm doch hervor, daß die Fortpflanzung des Fischotters an keine bestimmte Jahreszeit gebunden ist.

Die Fähe wirft ihre Welpen gewöhnlich in einem Bau. Wie diese aber bei der Geburt aussehen, ist noch nicht sicher festgestellt. Einesteils wird behauptet, daß sie völlig nackt und etwa so groß wie eine Maus zur Welt kommen, während Raoul v. Dombrowski sie in äußerst ungestalteter

Form und schwarzer Behaarung das Licht der Welt erblicken läßt. Nach Apotheker HEMMELMANN in Seelze, der noch blinde Welpen in Händen gehabt hat, sollen sie kurz nach dem Wölfen so stark wie gleichalte Teckelwelpen großen Schlages sein, in der Figur den Alten ähneln und einen braun behaarten Balg haben, der auf dem Rücken am dunkelsten ist. Fest steht jedenfalls nach neuesten Beobachtungen, daß einige Stunden alte Otterwelpen bereits den bräunlichen, aber etwas schwärzlich schimmernden Balg des alten Otters zeigen und im Wachstum innerhalb kurzer Zeit gute Fortschritte machen. Kurz nach dem Wölfen hingegen sollen die Welpen noch ziemlich unvollkommen sein und – wie junge Hunde – erst nach Ablauf von 9 bis 10 Tagen die Seher öffnen.

Auch der Fischotter ist nach dem Bundesjagdgesetz das ganze Jahr über geschont.

DER DACHS

Meister Grimbart ist ein heimlicher Geselle, dem man nur im Sommer gelegentlich des Morgen- oder Abendpürschganges begegnet. Vielleicht sieht man auch mal die Welpen auf dem Bau spielen, oder die alte Fähe voraus und die Welpen in derselben Spur folgend, einer hinter dem andern, durchs Holz nach einer Weide oder dem Felde traben. Hat man großes Glück, so kann man wohl auch mal beobachten, wie er „einheut", trockenes Laub oder Farnkräuter rückwärts gehend zwischen den Vorderläufen zum Winterlager in den Bau schleppt. In warmen Oktobertagen kommt es auch in seltenen Fällen vor, daß er nicht einfährt, sondern draußen in der Dickung den Tag verträumt.

Den Unterschied zwischen der Einfahrt des Dachs- und Fuchsbaues habe ich in der Abhandlung über den Fuchs beschrieben; ich will hier aber noch hinzufügen, daß Meister Grimbart in der Umgebung des Dachsbaues meistens auch gestochen, mit den Krallen spitz nach unten zulaufende Löcher gescharrt hat, in die er seine breiige Losung absetzt. Er scharrt diese Löcher nach vollbrachter Tat aber nicht wieder zu, wie es die Katze zu tun pflegt. Vom Bau aus laufen in verschiedenen Richtungen „Pfädchen" nach den Feldern oder Viehweiden, wo der Dachs nach allerlei Gewürm sticht oder die Kuhfladen nach Kerfen absucht. Neben diesen „Pfädchen" findet man, besonders in der Nähe der Felder, ebenfalls die eben beschriebenen

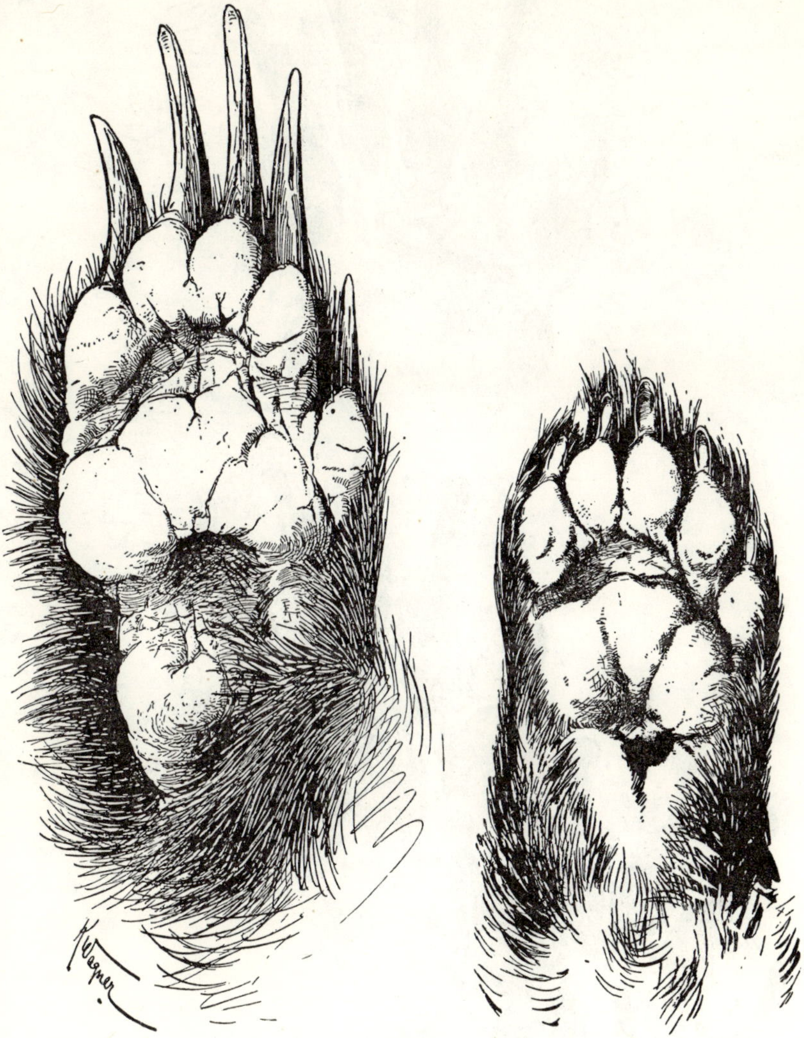

Abb. 78. Pfotensohlen der Branten des Dachses. Links vom Vorderlauf mit den Grabekrallen; rechts vom Hinterlauf (natürliche Größe)

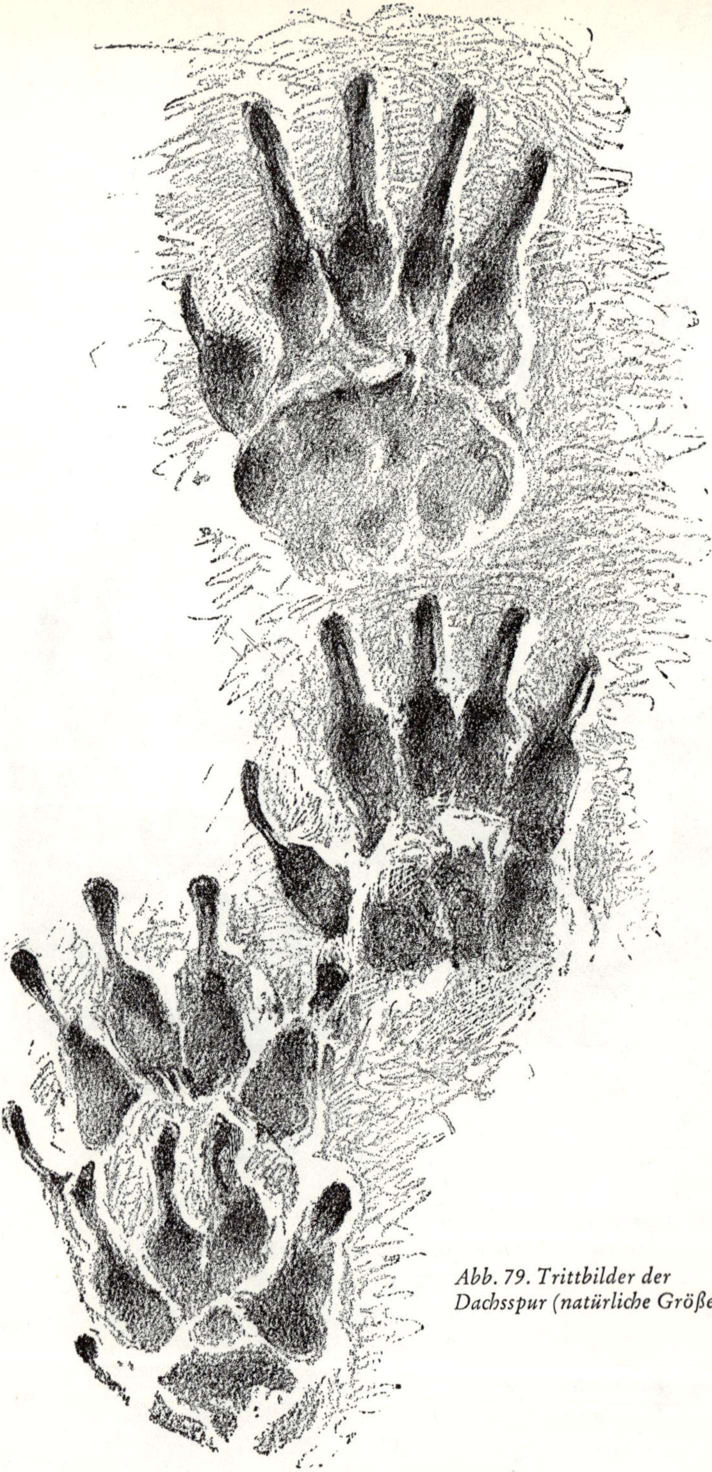

Abb. 79. Trittbilder der Dachsspur (natürliche Größe)

Losungslöcher. Der Dachs scheint auch die Gewohnheit zu haben, daß er sich dort, wo er sich einmal gelöst hat, in nächster Nähe gern wieder löst, so daß ich öfter auf einer mehr oder weniger großen Stelle eine Menge solcher „Aborte" gefunden habe. Bekannt ist ja, daß der Dachs im Bau sehr auf Reinlichkeit hält und deshalb auch einen bestimmten entlegenen Winkel als „stillen Ort" benutzt.

Die Dachsspur, die man meistens auf den Wegen vor und im Walde findet, ist derart charakteristisch, daß man nur einen einzigen Tritt, ja nur die Hälfte eines Trittes zu sehen braucht, um sie sicher ansprechen zu können. Bei nicht zu hartem Boden drückt er bei seiner Schwere mit der nicht behaarten Pfotensohle ein Trittsiegel so scharf aus, als wäre das mit einem Petschaft geschehen, – und dieses Trittsiegel macht auf den ersten, oberflächlichen Blick mit der Form und Lage der Zehenballen ganz den Eindruck, als rühre es von einer riesigen Hauskatze her. Das des Vorderlaufes des Dachses ist leicht dadurch von dem eines anderen Tieres zu unterscheiden, weil er mit den ungefähr 2 cm langen Grabekrallen der vier äußeren Zehen in plastischem Boden mit der ganzen Krallenlänge nagelt. Wenn der Boden aber härter ist, drücken sich natürlich die Ballen nicht so tief ein, und die Krallenabdrücke fehlen dann auch wohl ganz bis auf die Spitzen, die wie ein Kranz von Löchern in flachem Bogen weit vor den Ballen stehen, während die „Daumenkralle", die mit ihrer Spitze ungefähr bis an die Wurzel der „Zeigefingerkralle" reicht, nicht immer abgedrückt wird. Aber auch ohne die Krallenmale ist das Trittsiegel leicht kenntlich. Vor dem die ganze Sohlenbreite einnehmenden, halbmondförmigen, an den Seiten abgerundeten Pfotenballen stehen die nach vorn ovalen Zehenballen des „Mittel- und Goldfingers" nur um ein weniges vor denen des „Zeige- und kleinen Fingers", so daß ihre Spitzen einen flachen Kreisabschnitt bilden. Der „Daumenballen" endet da, wo der „Zeigefingerballen" beginnt, er steht also seitwärts hinter diesem. Die Krallen der Hinterpfoten sind kaum 1 cm lang, aber die Ballen stehen fast genau ebenso wie die der Vorderpfoten, so daß eine Beschreibung nicht nötig ist. Bei einem Dachs, dessen Vorderpfotensohle in der Breite 5 cm mißt, ist die der Hinterpfoten 4,2 cm breit.

Bekanntlich hält der Dachs einen leichten Winterschlaf, wenigstens verläßt er bei Frost und Schnee den Bau nur ausnahmsweise. Immerhin kommt es vor, daß er bei Schlackschnee mal ausschlieft, auf dem Bau umhertrabt, den Sand oder die Erde aus der Schwarte schüttelt und sich löst. Vielleicht macht er auch einmal einen weiteren Ausflug, was besonders nach langem, strengem Winter der Fall ist, weil ihm dann vor Hunger der Magen knurrt. Beim Traben tritt er öfters genauso wie der Igel, er schränkt, aber

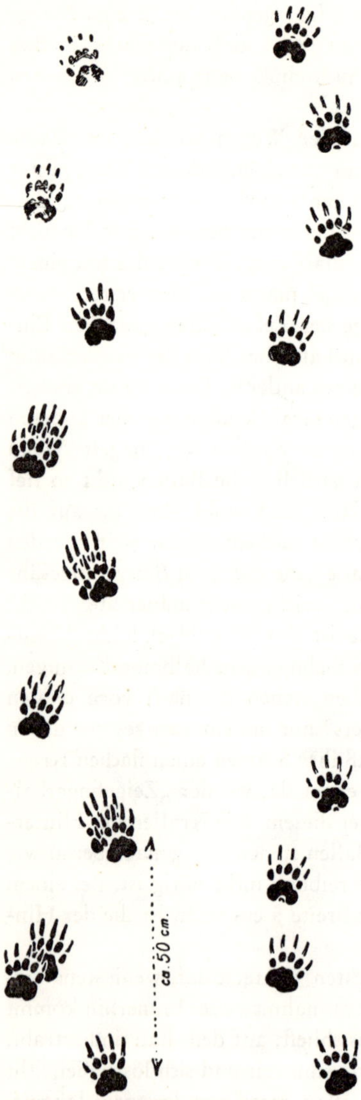

Abb. 80. Spur des Dachses.
Links vertraut trabend, rechts flüchtig

der Hinterlauf bleibt in diesem Falle etwas zurück; er macht dann also nicht den Schluß, sondern den Kreuztritt, wobei die kürzer bekrallten Hinterpfoten zurückbleiben. Im allgemeinen macht er aber den Schluß, und ich bin öfter Hunderten von Schritten der Spur gefolgt, ohne daß ich auch nur einen einzigen Kreuztritt gefunden hätte. Es ist aber auch eine der Marderspur ähnelnde beobachtet. In der Flucht setzt er die Pfoten trapezartig und überschnellt hierbei mit den Hinterpfoten die vorderen.

Beiläufig will ich hier bemerken, daß wohl auch beim Hunde die Marderspur vorkommt. Diese entsteht dann aber vollkommen anders als bei den marderähnlichen Raubtieren, die mit den Hinterpfoten in die Tritte der Vorderpfoten springen. Der Hund trabt bei schräg gestelltem Körper. Hierbei setzt er dann die Hinterläufe etwas vor und entweder beide rechts oder beide links neben die Tritte der Vorderläufe derselben Seite, wodurch genau der Badersprung nachgeahmt wird, zumal die Vorderpfoten schnürend in derselben Richtung gesetzt werden.

Um festzustellen, ob ein Bau befahren ist oder nicht, sehe man zuerst nach, ob Spinngewebe vor dem Geschleif hängt oder langes Gras davor gewachsen ist. In diesen Fällen ist er nicht befahren. Geben keine Spuren sichere Auskunft, stelle man Grasschmielen vor die Einfahrt, die dann zu Verrätern werden. Der Dachs schlieft abends oder nachts in anderer Weise aus dem Bau als der Fuchs. Dieser sichert unmittelbar vor dem Geschleif in der Röhre, schlieft dann aus und sichert auf dem Erdhaufen vor dem Geschleif wieder. Der Dachs steckt den Kopf aus der Einfahrt, zieht ihn aber sofort blitzschnell wieder zurück. Dieses Spiel wiederholt er mehrere Male und schlieft dann erst ganz aus. Läßt man sich verleiten, sofort zu schießen, wenn man die weiße Blesse sieht, so kann es leicht vorkommen, daß man gerade beim Zurückziehen drückt, ihn fehlt oder ihn nur krankschießt. Man warte also, bis er ganz ausgefahren ist. Außerdem will ich noch bemerken, daß der Fuchs „in der Eulenflucht" ausschlieft, der Dachs im September, wenn es vollständig dunkel geworden ist, dann immer später, Anfang Oktober zwischen 20 und 21 und im November erst gegen 22 oder 23 Uhr. Der Fuchs schlieft unregelmäßig wieder ein, schon wenn der Morgen dämmert, aber auch erst bei hellem Tage, der Dachs aber schon lange vor beginnender Dämmerung. Der Dachs ist auf dem Bau also nur bei Mondschein zu schießen.

BAUMMARDER UND STEINMARDER

Wir können diese beiden sehr nahe miteinander verwandten Arten gemeinschaftlich behandeln, da sich ihre Spuren nur sehr wenig unterscheiden und öfter auch gar nicht unterschieden werden können. Außerdem gehen ihre Lebensgewohnheiten derart ineinander über, daß es mir nicht nötig erscheint, beide getrennt zu schildern.

Der Baummarder oder Edelmarder bewohnt die Wälder und schlägt sein Quartier gewöhnlich in hohlen Bäumen, in Eichhornkobeln oder geeigneten Vogelnestern, selten in verlassenen Fuchsbauen auf. Nur ganz ausnahmsweise zieht es ihn aber auch nach Scheunen und menschlichen Wohnungen hin, aber wohl nur dann, wenn er in der Ranzzeit in Ermangelung von seinesgleichen sein Auge auf die weißhalsige Tochter seines weniger edlen Verwandten wirft. Es sind in Scheunen Baummarder erlegt, und auch Bastarde beider Arten sollen festgestellt sein. Im Gegensatz hierzu wird aber auch behauptet, daß beide Arten nicht zusammen ranzen können, weil die ossa penis verschieden gestaltet wäre.

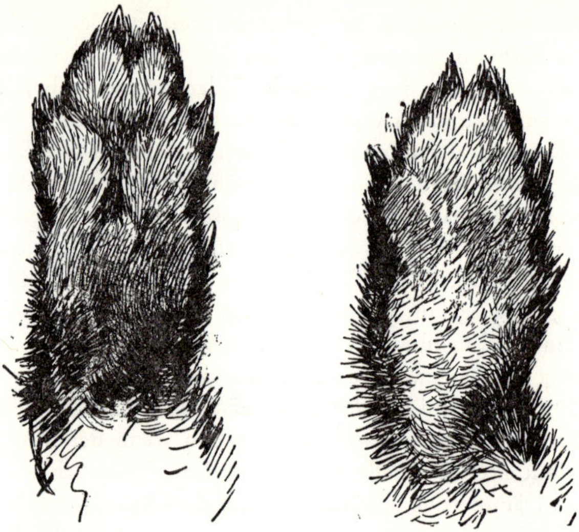

Abb. 81. Pfotensohlen des Edelmarders. Links vom Hinterlauf, rechts vom Vorderlauf (natürliche Größe)

Der Steinmarder oder Hausmarder bewohnt zwar meistens Dörfer und Städte, allein er verschmäht den Wald durchaus nicht, und mancher ist gewiß schon enttäuscht gewesen, wenn er im Wald eine Marderspur ausging und in dem geschmeidigen Burschen, den er endlich in einem Baume festhatte und auspochte, einen Steinmarder statt des erhofften Baummarders erkannte.

Die Marder sind zwar Raubwild, allein ihr Fraß besteht durchaus nicht allein in tierischer Kost. Im Gegenteil, sie lieben die Waldbeeren und Ebereschen, auch Kirschen und Pflaumen, so daß die kleinfingerdicke, zugespitzte, stark nach Moschus riechende Losung, die man öfter auf Waldwegen findet, in der Beerenzeit braun, fast rötlich erscheint. Im Winter ist sie durch Hagebutten oft orangefarbig; deren Kerne sind darin deutlich erkennbar. Sonst ist sie dunkler, und man findet in ihr Haare von Mäusen, auch wohl von Hasen, oder Vogelfedern sowie kleine zerbissene Knochen. Von größeren Tieren nehmen die Marder gern das Blut und fressen, wenn sie gesättigt sind, auch wohl nur den Kopf (Gehirn). Der Marder springt auch auf die Hasenquäke; gern auch auf den Vogelangstruf und die auf der hohlen Hand nachgeahmte Kaninchenklage. Ein Bekannter von mir schoß auf diese Weise binnen einer Woche an derselben Stelle zwei Baummarder, von denen der sehr starke Rüde keckernd, die Fähe still sprang. Die Schußzeit für beide Marderarten ist nach dem Bundesjagdgesetz nur für die Monate Dezember und Januar erlaubt. Der Marder verschmäht aber auch das Aas nicht und wird, mit Hasengescheide oder mit seinem Lieblingswild, mit Eichhörnchen, angeludert, in der Knüppelfalle oder dem Schlagbaum gefangen (siehe „Jagd und Fang des Raubwildes", Verlag Paul Parey, Hamburg 1), nicht selten wird er an dem für Füchse gelegten Luder aus der Luderhütte erlegt.

Abb. 82. Pfotensohle eines Edelmarders (natürliche Größe)

Bekanntlich ist der Marder, insbesondere der Steinmarder, ein großer Liebhaber von Eiern, die er sogar, wenn er sich sattgefressen hat, fortträgt und zu späterem Gebrauch versteckt. Hierbei nimmt er in seiner Raubgier Porzellaneier mit, wie ich öfter zu beobachten Gelegenheit gehabt habe; doch ist mir mitgeteilt, daß er allein im Neste liegende Porzellaneier nicht forttrüge. Da sie aber als Abzugsbrocken beim Fang auf dem kleinen und dem deutschen Schwanenhals gute Dienste leisten, scheint mir jene Beobachtung nicht ganz zuverlässig zu sein. Allerdings werden nach altem, bewährtem Rezept die sogenannten „Fangeier" (also die Kunsteier) kurz vor dem Fängischstellen der erwähnten Eisen mit Eigelb bestrichen.

Nach dem Volksmund soll der Marder Hühnereier so tragen, daß er sie mit dem Unterkiefer gegen Hals und Brust drückt, weil er sie mit dem Fang nicht fassen könne. Ich habe aber bislang keinen Jäger getroffen, der diese Tragweise aus eigener Anschauung hätte bestätigen können. Auch habe ich in keinem Jagdwerke darüber eine Bemerkung gefunden. Nun erzählte aber einmal in „Wild und Hund" ein Herr, daß er auf wenige Schritte ein ein Rebhuhnei auf die beschriebene Weise tragendes Wiesel beobachtet habe. Hieraus scheint mir hervorzugehen, daß auch die anderen kleinen, zur Familie der Marder gehörenden Tiere Eier, die so groß sind, daß sie sie nicht mit dem Fang packen können, an die Brust pressen und so fortschleppen. Für die Richtigkeit dieser Beobachtungen kann ich mich aber nicht verbürgen.

Die Spur des Marders ist im Schnee leicht zu erkennen. Die Hinterpfoten greifen in der Regel genau in die Tritte der Vorderpfoten, so daß zwei Tritte schräg nebeneinander stehen – und zwar gewöhnlich der rechte vor dem linken.

Die Zwischenräume zwischen zwei Trittpaaren betragen ungefähr 50 bis 60 cm, wenn er in Hausgärten oder Buschwerk nach Fraß sucht. Eilt er aber über weite Flächen, so sind die einzelnen Fluchten 80 bis 97 cm lang und bei niedrigem Schnee die Doppel-Tritte mit ihren äußeren Rändern 9 cm und mehr auseinander. Hin und wieder ist diese gewöhnliche Spur auch vom Dreitritt oder auch vom Hasensprung unterbrochen.

Bei dieser Gelegenheit will ich gleich darauf hinweisen, daß der Dreitritt bei allen kleinen marderartigen Tieren, also bei den Mardern, dem Iltis und den beiden Wieselarten, vorkommt, daß aber die natürliche Gangart der Paartritt ist. Es gibt zwei verschiedene Arten von Dreitritt. Bei der einen steht der Tritt des einen Hinterlaufs hinter dem des Vorderlaufs derselben Seite, und die Tritte der anderen Seite machen den Schluß, oder aber der eine Hinterlauf überflieht den Vorderlauf derselben Seite. Da der Marder gewöhnlich die Pfoten der rechten Seite vorsetzt, überflieht er auch gewöhnlich links und bleibt rechts zurück, was bei den anderen marderartigen Tieren nicht im selben Maße regelmäßig der Fall ist.

Der Paartritt ist also die gewöhnliche Gangart der vielen marderartigen Tiere, besonders aber der Marder. Ein mir bekannter, sehr gewissenhafter Forstaufseher ist drei Stunden auf einer Marderspur gegangen, ohne auch nur einen einzigen Dreitritt zu finden; doch hatte der Marder unterwegs einige Vögel gefangen und gefressen.

Von Dreitritt zu Dreitritt habe ich einmal 106 cm gemessen, bin jedoch überzeugt, daß der Marder noch bedeutend weitere Fluchten machen kann.

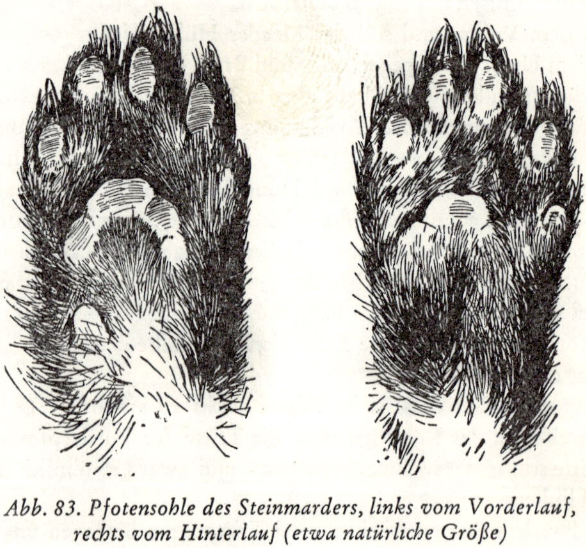

Abb. 83. Pfotensohle des Steinmarders, links vom Vorderlauf, rechts vom Hinterlauf (etwa natürliche Größe)

Diese Spuren haben beide Marderarten. Während aber der Steinmarder gewöhnlich im Zweitritt läuft und nur hin und wieder, wenn auch durchaus nicht selten, einige Dreitritte oder Hasensprünge einschaltet, so spürt sich der Baummarder oft weitere Strecken in diesen Gangarten. Das trügt jedoch öfter.

Man kann aber auch beim Festmachen (Ausgehen) eines Marders im Walde den Baummarder daran erkennen, daß er oft weite Strecken fortbaumt, was der Steinmarder nicht tut. Vielleicht kommt es auch einmal vor, daß man bei einem Gang im Walde kein Gewehr bei sich hat und dann zufällig auf dem Schnee unter einem Baume, auf dem ein Horst steht, allerlei Geknäck zwischen dem aus dem Horst gescharrten Schnee liegen sieht, auf dem man dann auch wohl bei näherem Betrachten gelbliche, vom Nässen herrührende Tropfen findet. Natürlich denkt man dann sofort an einen Marder und schlägt mit einem Stock kräftig an den Baum. Ein Baummarder läßt sich zwar oft lange nötigen, ein Steinmarder hat es aber gewöhnlich eilig, sich zu zeigen. Baumt er nicht gleich fort, sondern äugt er sich den Störenfried erst mal etwas näher an, so bleibt er auch so lange sitzen, bis man mit dem Gewehr zurückkommt, wenn man seinen Rock auf den in die Erde gesteckten Stock hängt und seinen Hut darauf setzt. Es ist aber auch schon vorgekommen, daß der Marder wieder im Horste lag.

Im Trittsiegel sind beide Arten leicht zu unterscheiden. Die Pfotensohle des Baummarders ist derart behaart, daß sich nur ausnahmsweise ein Ballen ausprägt, während beim Steinmarder sowohl der Pfotenballen wie die vier Zehenballen aus den Haaren herausragen und deutlich abgedrückt werden können. Der Daumenballen verschwindet auch öfter beim Steinmarder im Haar. Übrigens sind die Sohlen der

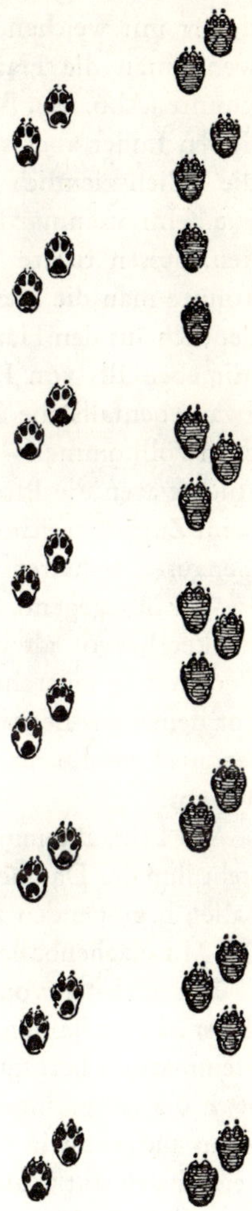

Abb. 84. Links gewöhnliche Spur beider Marderarten. Rechts Trittbilder beider. Beim Baummarder fallen die angedeuteten Ballen weg

Baummarder nicht alle gleich stark behaart. Ich habe Pfoten von Auersmacher, Saar (Jäger BÄHR), in Händen gehabt, bei denen die Sohlen derart mit weichen, langen Haaren bewachsen waren, daß selbst dann, wenn man die Haare auseinanderstrich, kein Ballen gesehen werden konnte (Abb. 81). Bei einem anderen, den ich in Lensahn (Holstein) sah, dessen Luder aber schon eine Zeitlang im Dünger gelegen hatte, traten die Ballen ziemlich stark hervor, wenn auch bei weitem nicht so stark wie beim Steinmarder. Bei einem zweiten aus Lensahn, einem sehr starken, dessen rechte Vorderpfote 3¹/₂ cm in der Breite maß (Abb. 82), konnte man die kleinen ovalen Zehenballen und auch den Pfotenballen deutlich aus den Haaren hervorschimmern sehen; und bei einem dritten, mir ebenfalls von Herrn Forstrat MEYER-Lensahn übersandten, waren zwar ebenfalls die Zehenballen nackt, allein die Haare überragten sie doch vollkommen – mehr als bei der vorher beschriebenen Vorderpfote. Auch waren die Pfotenballen derart mit Haaren bedeckt, daß man nur beim Zurückstreichen der Haare einen sehr kleinen haarlosen Ballen sah. Genauso beschaffen waren die Pfotenballen eines zweiten Baummarders aus der Saargegend. Möglicherweise treten bei älteren Stücken die Ballen stärker hervor als bei jüngeren. Mit der Jahreszeit scheint es nicht in Verbindung zu stehen, da ich die Pfoten von Auersmacher vier Wochen vor denen aus Lensahn erhalten habe. Sie waren die geringsten. Die letzten aus Lensahn maßen in der Breite: Hinterpfoten 3 cm, Vorderpfoten 3¹/₂ cm.

Wo beim Baummarder der Pfotenballen durch die Haare schimmert, steht ihm der Daumenballen genau gegenüber. Die etwas vor dem Pfotenballen beginnenden Außenzehenballen und die wieder vor diesen stehenden Mittelzehenballen sind gleich lang.

Die stärksten von mir gemessenen Steinmarderpfoten sind geringer als die stärksten Baummarderpfoten. Die Sohlenbreite der Vorderpfoten des Steinmarders beträgt 3 cm, die der Hinterpfoten 2,8 cm; sie sind also um etwa 0,5 cm geringer als die des Baummarders. Wie bei diesem ist auch, wenn auch nicht in vollem Maße, die Sohlenbehaarung beim Steinmarder verschieden stark. Das bezieht sich aber nur auf den „Daumenballen“ und einen Teil des Pfotenballens, die wahrscheinlich bei jüngeren Stücken ganz im Haar verschwinden, während sie bei älteren, wenigstens am Vorderlauf, deutlich hervortreten. Der Pfotenballen besteht aus vier fast kreisrunden Teilen, die einen Halbkreis mit einer längeren, nach der Daumenseite liegenden Spitze bilden. Von diesen Ballenteilen ist der zu den Mittelzehen gehörende Teil der größere, die zu den Außenzehen gehörenden sind etwas geringer, und der zum Daumen gehörende ist der kleinste. Der

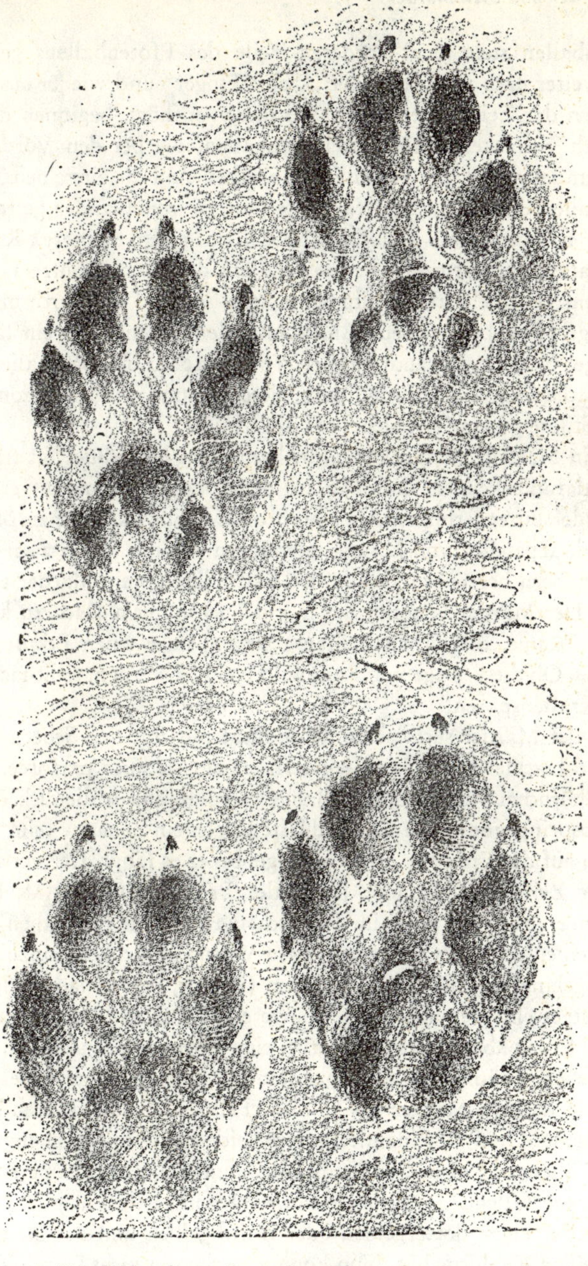

Abb. 85. Trittbilder des Steinmarders (oben), des Baummarders (unten) (natürliche Größe)

Daumenballen steht dem vorderen Teile des Pfotenballens gegenüber. Etwas weiter nach vorn steht der „kleine Finger“ und wieder etwas mehr nach vorn der Zeigefingerballen. Wo dieser aufhört, beginnen die gleich weit nach vorn stehenden Mittelzehenballen, die bei den Vorderpfoten etwa 1 cm lang sind. Bei jugendlichen Stücken sind die einzelnen Teile der Pfotenballen durch sehr scharfe Einkerbungen voneinander getrennt, die sich aber nach und nach abflachen. Da zwischen dem vorderen Rande des Pfotenballens und dem hinteren des Ballens des kleinen Fingers ein Zwischenraum von mehreren Millimetern liegt, so wird hierdurch und durch die übrige schon beschriebene Anordnung der Zehenballen ein längliches Trittsiegel bedingt. Da auch bei den Vorderpfoten die Oberballen in der Sohlenfläche liegen, so werden auch diese hin und wieder, besonders bei älteren Stücken, beim Trittsiegel mit abgedrückt.

Ob ein Marder ein Haus besucht, kann man bei Schnee oft schon von weitem daran erkennen, daß man auf dem Dache die ganz unverkennbaren Marderspuren erblickt. Aber auch ohne Schnee kann man öfter eine Spur und, abgesehen von Losung oder Eierdiebstahl, der ja auch von anderen Räubern herrühren kann, öfter feststellen, ob ein Marder ein Haus besucht. Der Marder benutzt, um in ein Loch unterm Dach zu kommen, meistens Bäume, die dicht am Hause stehen, oder einen Eckpfosten des Gebäudes. Ob diese Wege von Raubwild benutzt werden, sieht man sofort an den Krallenspuren.

Aber der Marder sucht seine Beute nicht nur mit den Sehern und der Nase und beschleicht sie dann, sondern er jagt sie auch parforce. Daß er das Eichhörnchen von Baum zu Baum verfolgt und schließlich das vom Baum abspringende unten fängt, dürfte allgemein bekannt sein. Aber er jagt auch auf der Erde sein Wild so lange, bis er es fängt. Der verstorbene, zu seiner Zeit sehr bekannte Jagdmaler Professor CHRISTIAN KRÖNER hatte lange Jahre die Jagd im Hornschen Forste im Lippischen bei den Externsteinen gepachtet und machte den Versuch, Karnickel einzubürgern. Aber es gelang ihm nicht. Aus welchem Grunde, hat er nach einiger Zeit selbst festgestellt. Bei einer Neue spürte er einmal sein Revier nach Rotwild und Sauen ab und kreuzte hierbei eine flüchtige Karnickelspur, neben der eine ebenso flüchtige Marderspur stand. Natürlich folgte er beiden und stellte fest, daß der Marder das Karnickel eingeholt und gerissen hatte.

Um beide Arten voneinander unterscheiden zu können, genügt in den meisten Fällen, daß man die allgemein bekannten und auf den ersten Blick in die Augen fallenden Merkmale sich vergegenwärtigt, nämlich, daß der Baummarder einen dottergelben oder rötlichgelben und der Steinmarder einen weißen Kehlfleck hat. Nun kommt es eben in nicht zu seltenen Fällen auch vor, daß beide Arten einen weißlichen, mehr oder weniger gelb überhauchten Kehlflecken, also eine Vermischung beider Farben haben, und dann gibt seine Form Aufschluß über die Artzugehörigkeit. Während der Kehlfleck des Steinmarders unten gegabelt ist und sich ungefähr bis zur Mitte der Innenseite der Vorderläufe markiert, ist der des Baummarders unten stets abgerundet. Anatomisch ist der Unterschied zwischen beiden der, daß der Baummarder eine ovale und der Steinmarder eine runde Nasenöffnung hat. Nach Dr. FRITZ SCHMIDT, Überlingen (Bodensee), („Die Marder und ihre Zucht", mit 21 Abbildungen) ist der Kopf des Baummarders mehr gestreckt und zugespitzt, an den Seiten abgeflacht. Beim Steinmarder kurz und gedrungen, breiter, fast dreieckig. Derselbe Autor sagt, daß die Augen beim Baummarder ziemlich klein und im Kopf liegen, tiefdunkelblau schimmernd, die des Steinmarders größer, mehr hervortretend seien. Beim Baummarder soll die Nase dunkel, von grauschwarzer bis schwarzer Färbung, beim Steinmarder sehr viel heller, grau bis rötlich fleischfarben sein.

DER ILTIS

Der Iltis frißt und raubt alles warmblütige Kleingetier, aber auch Frösche und Schlangen, ja sogar Fische, wenn er sie beim Steigen erwischen kann. Deshalb findet man seine Spur und dunkle Losung, die wie flüssiger Teer oder Wagenschmiere aussieht, auch häufig an Bächen und Teichen. Frösche, die sein Lieblingsfraß zu sein scheinen, weiß er sogar im Winter zu finden, denn Oberförster MELSHEIMER, Linz a. Rh., hat beobachtet, daß der Iltis unter frei aufliegenden Eisschollen Frösche aus dem Uferschlamm hervorholte. Aber er trägt sie auch vielfach unter Kanälen und in hohlen Bäumen haufenweis zusammen, um Vorrat für die kalte Jahreszeit zu sammeln. So ist mir von einem Raubwildfänger vor längerer Zeit einmal mitgeteilt, daß diese Frösche hinten gelähmt wären und nicht hüpfen könnten. Da mir aber bekannt war, daß Insekten Vorratskammern für ihre Nachkommen auf eigentümliche Weise anlegen und z. B. eine Art Graswespe (Sphex) Raupen durch einen Stich ihres Giftstachels in einen bestimmten Nervenknoten aus dem Grunde nur lähmt und nicht tötet, um Eier in ihr Opfer zu legen, so daß die sich daraus entwickelnden Larven versorgt sind, so fragte ich den Jäger, ob die Lähmung der Frösche von

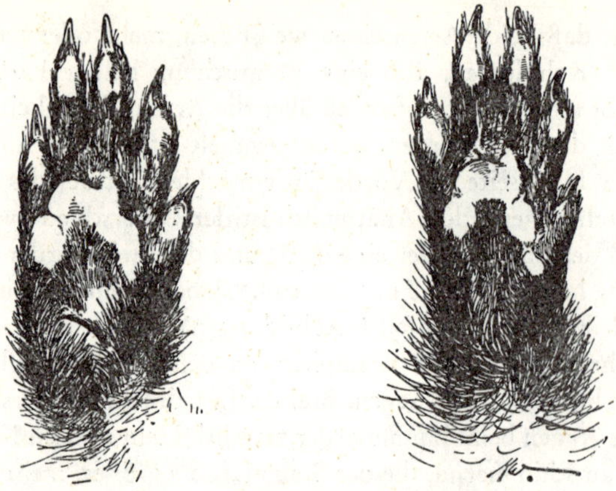

Abb. 86. Pfotensohle des Iltis, links vom Vorderlauf, rechts vom Hinterlauf (natürliche Größe)

einem Biß des Iltis oder von der Kälte herrühre. Diese Frage wußte er aber nicht zu beantworten, und ich selbst habe darüber auch keine Beobachtung gemacht. Uns interessiert hauptsächlich, daß das Zusammentragen der Frösche durch den Iltis zur Aufspeicherung von Wintervorrat eine vielfach beobachtete Erscheinung ist, und daß diese Frösche dadurch gelähmt wurden, daß sie in der Kreuzgegend gebissen waren. Es ist festgestellt, daß sie dort entweder zwei lange Risse hatten oder zwei Stiche, die augenscheinlich von den Fangzähnen des Iltis herrührten und, wenn bei solchen Fröschen keine Verletzung wahrgenommen wurde, zweifellos bei der Kleinheit der Wunde wieder verheilt und verschwunden waren. Diese seine Vorliebe für die Frösche hat zu der allgemein verbreiteten Ansicht Veranlassung gegeben, daß der gallertartige, im Volksmund „Sternschnuppen" genannte Schleim, den man nicht selten an Bächen und auf Wiesen findet, die Auswürfe des Iltisses und Reihers von den nicht verdauten Teilen der im Magen aufgeqollenen Eileiter von Fröschen – sagen wir das „Gewölle" – wären. Das ist aber ein Irrtum, wie von Dr. H. LANDOIS, Münster i. W., im „Zoologischen Garten" 1883, Nr. 5, aufs klarste bewiesen ist. Er fütterte nämlich vom 4. bis 13. Januar einen Reiher und vom 8. bis 14. Januar zwei Iltisse ausschließlich mit Fröschen, und „das Resultat dieser Fütterungsversuche war, daß sowohl der Reiher wie auch die beiden Iltisse die Frösche völlig verdauten. Trotz der sorgfältigsten Durchsuchung ihrer Käfige war es nicht möglich, auch nur die geringsten Teile eines gallertartigen Magenauswurfes zu finden. Der Kot vom Reiher trug eine schwarze Färbung". LANDOIS behauptet, daß die bekannten „Sternschnup-

Abb. 87. Trittsiegel des Iltis (natürliche Größe)

Abb. 88. Spur des Iltis, links bei gewöhnlichem Lauf, rechts flüchtig

pen“ oder, wie er sie nennt, „Meteorgallerte“, die ihm übersandt waren, mit der Charakteristik der Algenfamilie der Schleimlinge, Nostocacea, übereinstimmten und zu der Gattung Nostok *Vauch*, Zittertang, gehörten. Aus diesen Gründen würde es ein Zeichen sein, daß dort ein Iltis „geht“, wo man zusammengeschleppte Frösche findet, nicht aber, wenn irgendwo auf einer Wiese oder am Bachrande „Sternschnuppen“ liegen.

Im Gegensatz hierzu teilte mir Herr Oberlehrer L. SCHWARZ in Rintel mit, daß Unterschiede zwischen Nostok und

Froscheierstöcken darin bestehen, daß jener hell und nicht so kompakt wie diese sei. Außerdem sollen sich die schwarzen Punkte des Froschlaiches stets in der Nähe auffinden lassen. Die Nähe von Gräben, Kanälen und Teichen spricht immer für Froschlaich. Ferner, daß mindestens die Hälfte der 50 Iltisse, die er mit Hund und Flinte zur Strecke gebracht habe, den „Eierstöcken" von Fröschen verdanke, die ihm verraten hätten, daß dort Iltisse gingen. Ähnliches ist mir auch von Raubwildfängern mitgeteilt. Natürlich ist für uns Jäger die Praxis maßgebend.

Die einzelnen ausgewachsenen Individuen der verschiedenen Raubwildarten sind gleich stark. Es kommen in seltenen Fällen neben den Individuen von normaler Stärke Riesen und Zwerge vor. Ich will hier auf diese Frage nicht näher eingehen, sondern nur bemerken, daß dieser Stärkeunterschied bei den Iltissen sozusagen Regel ist. Die stärksten reichen fast an den Marder heran. Der Körper des geringsten, den ich gefangen habe (auf Rittergut Schwöbber), hatte die Stärke eines starken Wiesels. Zwischen diesen Extremen kommen alle Größen vor, doch ist natürlich die mittlere Stärke am meisten vertreten. Bei dieser sind die Pfoten nur zwei Drittel so stark wie die des Steinmarders. Die Sohlenbreite der geschlossenen Vorderpfote beträgt 2 cm.

Beim Trittsiegel steht der Daumenballen seitwärts des mittleren Teiles des Pfotenballens, und der vordere Teil des Ballens der „kleinen Zehe" überragt nur um weniges den vorderen Teil des Pfotenballens. Die drei mittleren Zehen stehen weit vor den beiden anderen. Die längste ist die Mittelzehe, der der „Goldfinger" und dann der „Zeigefinger" folgt. Auch ist der in derselben Ebene liegende Oberballen im Trittsiegel ausgeprägt. Die Zehenballen sind sehr klein, fast rundlich und nur etwas länger als breit. Die stärksten haben kaum 5 mm Länge bei 4 mm Durchmesser. Da die Sohle fast kahl oder doch nur sehr kurz behaart ist, drückt sich im vorn rundlichen Trittsiegel alles scharf ab. Natürlich nagelt der Iltis auch.

Die Spur des Iltis gleich im allgemeinen der des Marders, doch ist sie nur zwei Drittel so stark wie diese. Die äußeren Ränder der Doppeltritte sind 6 bis 7 cm auseinander. Oberlehrer Schwarz hat bei dünner Schneeschicht 6 cm, ich bei tieferer etwa 7 cm gemessen. Dieser Herr teilte mir auch mit, daß auf 100 m Paartritte nur ein bis zwei Dreitritte gekommen wären. Bei den von mir gemessenen Spuren waren die einzelnen Fluchten 45 bis 60 cm lang, bei den von Oberlehrer Schwarz gemessenen 55 cm. Der Iltis setzt in den Paartritten nicht, wie der Marder, meistens die rechte Pfote vor, sondern man findet Spuren, bei denen der linke, und andere, bei denen der rechte Tritt vorsteht. Die Spur des Iltis unterscheidet sich von der des anderen marderartigen Raubwildes dadurch, daß der Iltis bei rascherer Flucht auch wohl den Eichhörnchensprung macht, die hinteren Pfoten etwas seitwärts und vor die nebeneinanderstehenden Vorderpfoten setzt. Es kommt aber auch vor, daß die Vorderpfoten ihre gewöhnliche Stellung haben und von den Hinterpfoten seitwärts überflohen werden, wodurch ein verschobener Hasensprung entsteht. Der Iltis klettert im Gegensatz zu den Mardern nicht.

DAS GROSSE WIESEL ODER HERMELIN

Bei allem Haarraubwild steht der Jäger zum Landwirt in einem gewissen Gegensatz, ob es ihnen Nutzen oder Schaden zufügt. Während der Jäger das Raubwild unter allen Umständen soviel wie möglich kurzzuhalten bestrebt ist, hängt dies beim Landwirt mehr oder weniger von ganz bestimmten Verhältnissen ab. In Mäusejahren und in Normaljahren ohne Tollwutbefall der Füchse will er Reineke geschont wissen, den er täglich bei seiner für ihn, den Landwirt, nützlichen Arbeit beobachten kann. Der Iltis ist in Gegenden, in denen der Hamster eine Plage für die Landwirtschaft ist, ganz zweifellos ein außerordentlich nützliches Tier. Ein mir bekannter Landwirt, ein großer Jäger vor dem Herrn, schonte auf seinem Gute die Marder, die ihm die Ratten in der Schere hielten, derart, daß sie ihre Scheu vor dem Menschen mehr oder weniger verloren und sich beim Fangen der Ratten im Schweinestall um niemanden kümmerten. Der nützlichste Räuber für die Landwirtschaft ist aber das Wiesel, dem der feine, wenig massige Körper meistens erlaubt, den Mäusen, immer aber den sehr schädlichen Scher- und Reitmäusen (Hypudaeus amphibius) in ihre Löcher zu folgen, besonders das Kleine Wiesel. Nichtsdestoweniger führt der Jäger beständig Krieg gegen alles Raubgesindel und deshalb auch gegen das Wiesel, dessen Küchenzettel ja nicht bei der Maus halt macht, sondern vom Vogel bis zum Hasen alles enthält, was der Jäger für sich beansprucht oder zu schützen bestrebt ist. Das Wiesel klettert geschickt und kann deshalb auch in Büschen und auf Bäumen stehende Nester ausrauben. Es schwimmt auch ausgezeichnet und durchrinnt, ohne dazu gerade veranlaßt zu sein, öfter Bäche hin und zurück, um an den Ufern zu jagen. Auch schleppt das Wiesel dem Geheck junge Hasen hin. So hat z. B. Jäger Bähr in Auersmacher bei Saarbrücken ein Geheck von sechs jungen und zwei alten Wieseln aus

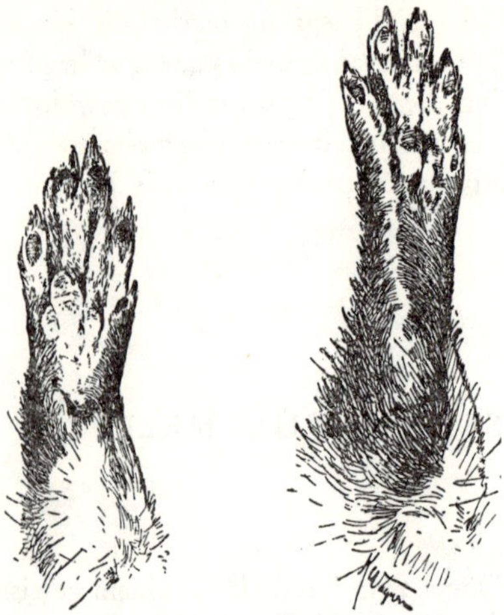

Abb. 89. Pfotensohle des Großen Wiesels, links vom Vorderlauf, rechts vom Hinterlauf (natürliche Größe)

einem Fuchsbau ausgegraben und fand darin sechs größtenteils angefressene Junghasen.

Das Große Wiesel oder Hermelin ist im Sommer rot mit weißem Bauch und schwarzer Rutenspitze, im Winter weiß mit schwarzer Rutenspitze. Das Verfärben geschieht nach Oberlehrer L. Schwarz so, daß nur vom Winter zum Frühling Wolle und Grannen ausfallen, vom Herbst zum Winter, daß nur das Wollhaar ausfällt und sich erneuert, die Grannenhaare sich aber von der Wurzel aus weiß verfärben, indem der Farbstoff schwindet. Die Unterscheidungsmerkmale zwischen beiden Wieselarten sind im Kapitel „Das Kleine Wiesel" geschildert.

Das Wiesel fällt öfter seiner großen Neugierde zum Opfer. Flüchtet sich eins in ein Mauseloch, so braucht man nur auf 30 Schritt heranzugehen, einen Augenblick zu warten, oder besser zu mäuseln, und fast ausnahmslos erscheint es dann bald oder sofort mindestens zur Hälfte außerhalb des „Baues", richtet sich hoch auf und schaut den Störenfried neugierig an. Seine Wohnung hat es in altem Gemäuer, in Steinhaufen, hauptsächlich aber auch in besonders großen Maulwurfshügeln in den Hecken, deren Röhren es vergrößert und so für sich wohnlich einrichtet. Alle Röhren sind miteinander verbunden. In deren Nähe findet man dann gewiß auch die Wiesellosung, die wie ein Stück feiner Kautabak aussieht. Außerdem braucht man nur nach starkem Regen durchs Revier zu gehen, man wird es dann schon erblicken und so die Stelle ausfindig machen, wo es sich aufhält. Uns interessiert hier aber in erster Linie die Spur und das Trittsiegel. Die Pfoten sind sehr zart und die Sohlen der geschlossenen Vorderpfoten nur ungefähr 1 cm, die der Hinterpfoten fast so breit. Sie sind stark behaart und die Ballen nur kleine rundliche Tupfen. Abgesehen von der Stärke unterscheidet sich das Trittsiegel, das fünfzehig ist, dadurch von dem des Iltis, daß bei den Vorderpfoten des Wiesels die Mittelzehe und

Abb. 90. Trittsiegel des Großen Wiesels (natürliche Größe)

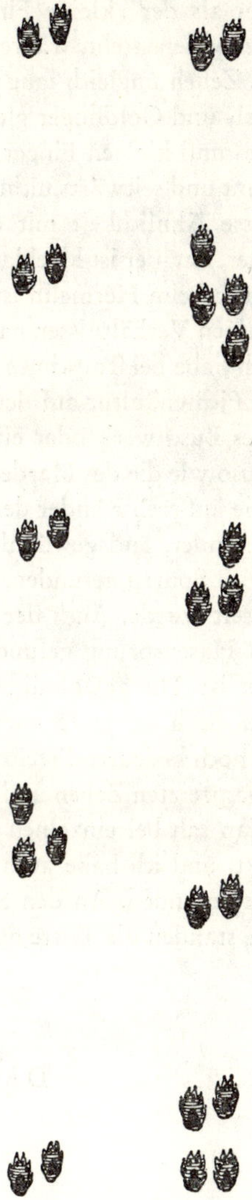

Abb. 91. Spur des Großen Wiesels, links bei gewöhnlichem Lauf, rechts mit den am meisten vorkommenden Trittbildern

der „Goldfinger“ gleich lang sind, der „Zeigefinger“ nur um ein weniges länger als der „kleine Finger“ ist und der „Daumen“ in der Höhe des Pfotenballens steht, während bei den Vorderpfoten des Iltis die drei mittleren Zehen ungleich lang sind. Bei den Hinterpfoten des Hermelins sind Mittel- und Goldfinger gleich lang und ebenso die 5 mm zurückstehenden Zeige- und kleinen Finger, während der Daumen erst 7 mm hinter jenem beginnt und seitwärts nicht höher hinaufragt als der Pfotenballen, der eine gewisse Ähnlichkeit mit dem des Steinmarders, natürlich entsprechend kleiner, hat – er ist kleeblattförmig, das mittelste Blatt das größte.

Auch beim Hermelin ist es nicht ausgeschlossen, daß man es unter sehr günstigen Verhältnissen nach dem Trittsiegel ansprechen kann.

Ich habe bei Tauschnee die Spur eines Großen Wiesels skizziert, das in einer Fichtenkultur auf der Jagd war. Wenn es weitere Strecken lief, ohne daß es Buschwerk oder ein Mauseloch untersuchte, war die Trittstellung genauso wie die des Marders, nur entsprechend kleiner.

Die äußeren Ränder der Pfoten standen beim Doppeltritt 4½ bis 5 cm auseinander, und gewöhnlich war die rechte Pfote vorgesetzt, doch habe ich auch Spuren gefunden, bei denen im Vorsetzen der Pfoten sehr oft gewechselt wurde. Auch der Dreitritt kam öfter vor; auch habe ich einmal einen Hasensprung gefunden, der auch anderweit hin und wieder beobachtet ist. Die gewöhnliche Sprungweite war 40–50 cm, einige Fluchten waren auch 64, ja 75 cm weit; doch bin ich überzeugt, daß es, wenn es will, noch bedeutend weiter springen kann. Die Trittsiegel waren meistens mit gespreizten Zehen und dann vorn abgerundet.

Man sah bei einzelnen ganz deutlich die fünf Zehen im Schnee abgedrückt, und ich habe auch hin und wieder einmal einen Pfotenballenabdruck gefunden. An den Stellen, an denen es irgendeine Beute vermutet hatte, standen die Tritte natürlich mehr zusammen.

DAS KLEINE WIESEL

Das Kleine Wiesel, auch Mauswiesel oder Heermännchen genannt, das im allgemeinen bedeutend geringer ist als sein größerer Vetter, das Hermelin, unterscheidet sich auch noch dadurch von ihm, daß es sich im größten Teile Deutschlands nicht verfärbt und nur in Ostpreußen sein weißes Winterkleid anzieht. „Treff“ erklärte aber, daß auch in Böhmen, Niederösterreich, Galizien, Ungarn, der Bokuwina und den anstoßenden Teilen Rußlands die Mauswiesel im Winter vielfach weiß wären, und suchte festzustellen, daß die jüngeren sich nicht verfärben, sondern nur die älteren. LOTHAR POHL suchte hingegen zu beweisen, daß in Gebirgen über der Schneegrenze und in kalten Klimaten einige Mauswiesel im Winter weiß würden, andere rot blieben. Auch die vielfach verbreitete Annahme, daß das Mauswiesel nur ungefähr 17 cm lang wäre, ist von LOTHAR POHL dadurch richtiggestellt, daß er 76 Exemplare untersucht hat. Bei 56 schwankte die Größe zwischen 27 und 34 cm, und die Größe der übrigen 20 bewegte sich zwischen 21 und 25 cm. Die erwähnten 56 waren aber nicht nur größer, sondern auch plumper und massiger als die andern. Es waren die Männchen, und die kleineren erwiesen sich als Weibchen. In einigen Gegenden, z. B. im Braunschweigischen (Hedwigsburg), sind aber die Männchen der Mauswiesel nicht stärker als die Weibchen, und der größte Unterschied, den POHL hat feststellen können und der ihm überhaupt auch bekanntgeworden, ist ein 34,5 cm langes Männchen und ein 18 cm langes Weibchen. (Geschlechtsdimorphismus.) Als Unterschied zwischen den beiden Arten wird auch die Farbe der Rutenspitze hervorgehoben. Nach der allgemeinen Annahme soll die schwarze Rutenspitze des Hermelins dem Mauswiesel fehlen. Dies ist auch in der Mehrzahl der Fälle richtig, aber gelegentlich findet sie sich mehr oder weniger scharf ausgesprochen auch beim Kleinen Wiesel. Berücksichtigt man nun noch, daß größere Exemplare des Kleinen und kleinere des Großen Wiesels in ihren Größenverhältnissen so gut wie gar nicht verschieden sind, so kann man verstehen, daß BECHSTEIN an Kreuzungen zwischen den beiden glaubte. Solche Kreuzungen kommen aber nicht vor, sondern jene scheinbaren Bastarde sind große Männchen des Kleinen Wiesels mit schwarzer Rutenspitze. Ein gutes Merkmal für die Artangehörigkeit solcher zweifelhaften Exemplare bietet die Länge der Rutenspitzenhaare, die beim Hermelin aus einem Büschel verlängerter Haare bestehen, beim Mauswiesel aber nicht büschelartig verlängert sind.

Auch über die Fortpflanzung des Kleinen Wiesels hat POHL eingehende Studien gemacht und an einem reichhaltigen Material festgestellt, daß sie sich nicht auf eine bestimmte Zeit im Jahre beschränkt, sondern daß dickgehende Weibchen und frischgewölfte Junge während des ganzen Sommers vorkommen. Er erhielt Welpen außer im April auch in den Monaten Juli, September, November, Dezember und Januar, und dazu kommen noch, nach Mitteilungen des Herrn SCHIMITSCHECK, März und August. Es ist also genau wie beim Fischotter.

Die Lebensgewohnheiten des Kleinen Wiesels sind dieselben wie die des

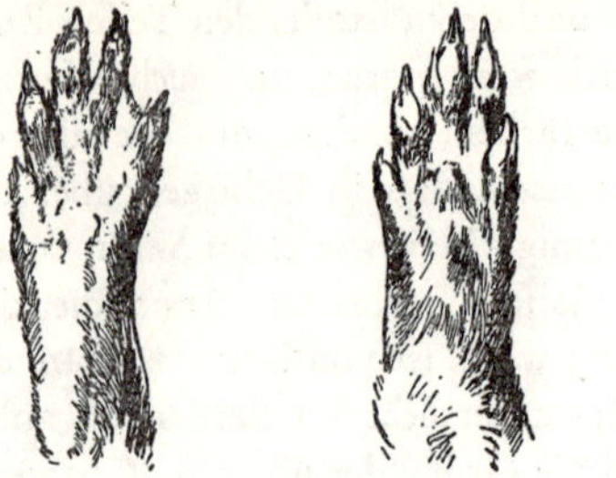

Abb. 92. Pfotensohle des Mauswiesels, links vom Vorderlauf, rechts vom Hinterlauf (natürliche Größe)

Abb. 93. Trittbilder des Mauswiesels (natürliche Größe)

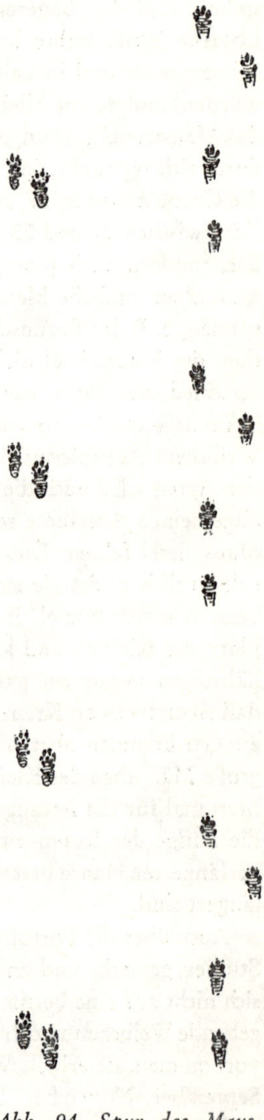

Abb. 94. Spur des Mauswiesels. Links bei gewöhnlichem Lauf, rechts hin und wieder in der Flucht

Großen, auch unterscheiden sich die Spuren beider nicht wesentlich in der Trittfolge, sondern nur in der Weite und in der Stärke. Die einzelnen Fluchten sind meistens nur etwa 15 cm weit, und die äußeren Ränder der Doppeltritte sind etwa 2,3 cm auseinander. Ich habe auf weiteren Strecken ausschließlich den Mardersprung gesehen, aber auch den Dreitritt. Bei Schnee unterscheidet sich die Spur des Heermännchens von der der Ratte dadurch, daß diese immer den langen Schwanz schleift.

DER WASCHBÄR

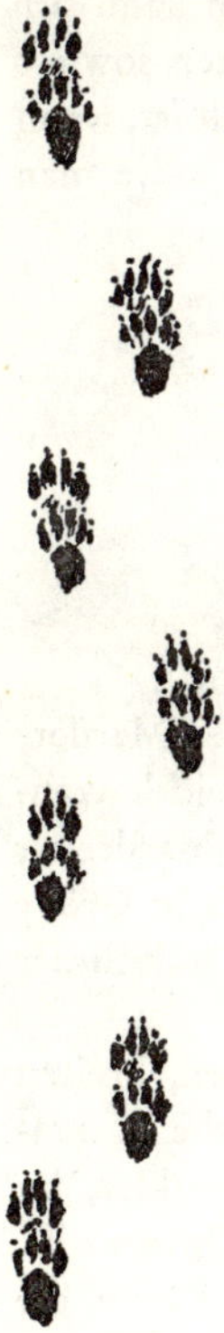

Abb. 95. Spur des Waschbären

Wie der bekannte Schweißhundführer, Oberförster Walter Tassius in Hemfurth am Edersee, in WuH 16 vom 3. November 1968 in einem interessanten Artikel mitteilt, wurden vier junge Waschbären (zwei Bären und zwei Bärinnen), die 1934 ein Herr v. Berlepsch von einer Nordamerikareise als Geschenk für seinen Bruder, der Leiter des Forstamtes Vöhl war, mitbrachte, in einem Gehege gehalten. Im gleichen Jahr wurden die Bären mit der Genehmigung der Regierung in Kassel in die freie Wildbahn ausgesetzt. In den nächsten Jahren sah und spürte man nichts von ihnen. Doch 1937 fand der Revierförster Seifarth in Bringhausen einen Waschbären, der in einem Kanal ertrunken war. Nun wußte man, daß die Waschbären noch lebten und sich vermehrt hatten.

Von Jahr zu Jahr nehmen die Bären – heute muß man sagen leider – rund 100 km um den Edersee zu, und Tassius sagt in seinem Bericht ganz offen, daß man den Waschbär in unseren Wäldern nicht hätte heimisch werden lassen, wenn man seine Lebensweise 1934 genau gekannt hätte. Nun aber haben wir ihn! Und da er sich in Hessen hält und darüber hinaus auch in den angrenzenden Ländern schon regelmäßig festgestellt wird, fügen wir ihn als unbequemen Gast diesem Buche bei und zeigen auch seine Spur. Die Paarungszeit liegt in den Monaten Februar–März. Im Mai–Juni bringt die Bärin 2 bis 6 Junge zur Welt, die sie bis zum Herbst desselben

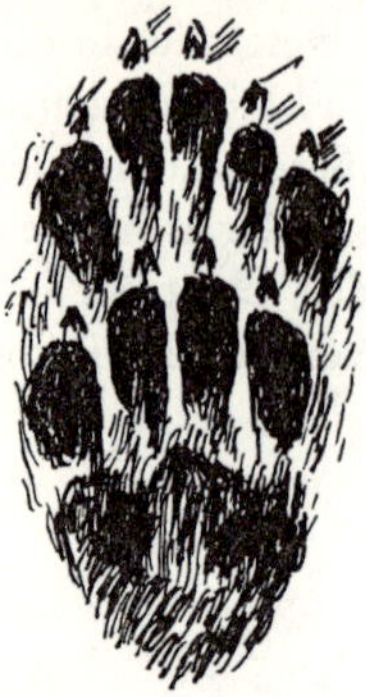

Abb. 96. Tritt des Waschbären (zwei Zeichnungen A. Usinger)

Jahres betreut und führt. In mehreren Bundesländern, in denen der Waschbär vorkommt, ist er zum jagdbaren Wild erklärt und hat keine Schonzeit. Jungbären werden oft von der Bevölkerung in Gärten entdeckt, da sie reifes Obst lieben und als gewandte Kletterer von den Bäumen holen. Die nächtliche Lebensweise der Waschbären hält ihn tagsüber von seinen Beutezügen ab. Er kommt so wenigen Menschen, Bauern, Jägern und Spaziergängern in Anblick. Es ist vorgekommen, daß Waschbären in vollbesetzte Geflügelställe einbrachen, die Insassen abwürgten, aber nur wenige Stücke anschnitten. Beim Erklettern von Bäumen plündert er auch Vogelnester, und man kann sich denken, daß es um die Gelege unserer sowieso schon recht selten gewordenen Rauhfußhühner schlecht bestellt ist, wenn sie einem Waschbär in die Nase kommen. Wo er auftritt, sollte man diesen Schleicher und Allesfresser scharf bejagen.

DER MARDERHUND

Im Jahre 1959 las man erstmalig in unserer Jagdpresse über den Marderhund, der auch „Enok“ genannt und zoologisch zu den „Schleichkatzenhunden“ gezählt wird. Er erinnert äußerlich mehr an einen Marder als an einen Hund, eher aber an einen Waschbären, den er auch in Größe und Figur erreicht; im Russischen heißt er deshalb „waschbärähnlicher Hund“.

Sein Aussehen und die lange Behaarung lassen die runden, breiten Gehöre im dichten Kopfhaar fast verschwinden. Seine Balgfarbe ist dunkelbraun bis dunkelgraubraun, im Sommer ist der Balg dunkler, im Winter heller. Lange Grannenhaare überragen die dichte Unterwolle. Seine Länge mit der 10 bis 15 cm langen Rute beträgt 65 bis 80 cm, die Schulterhöhe etwa 20 cm und das Gewicht 5 bis 10 kg. Er gräbt Baue im Boden, benutzt aber meist solche, die von anderem Wild verlassen wurden. Auch findet er oft Unterschlupf unter Wurzeln windgeworfener

Bäume oder bezieht sein Lager auf flacher Erde im Buschwerk. Seine Urheimat sind Japan, China und Korea, also das fernöstliche Küstengebiet. Dort bevorzugt er feuchte Wiesen, Sümpfe, Schilfdickungen und bewaldete Hänge und hält auch einen Winterschlaf.

Anfang der 30er Jahre begann man mit seiner Ansiedlung in den Bergwäldern Mittelasiens, des Altai, Kaukasus, den Schilfdickungen des Kaspischen Meeres und den Wäldern Weißrußlands. Ein 1930 in der Ukraine ausgesetzter Enok wurde 1931 in Finnland festgestellt, später tauchten die Tiere in Schweden, 1951 in Rumänien, 1955 in Polen auf.

Abb. 97 (links). Die Abdrücke der Hinter- und Vorderbranten des Marderhundes (in natürlicher Größe); die Zehen sind fächerartig auseinandergeschoben und nicht zusammengepreßt wie beim Fuchs. Abb. 98 (rechts). Das Spurenbild. Zeichnungen Prof. Dr. Formosow

1962 wurde gelegentlich einer Treibjagd in der Gemarkung Börger (Hümmling), Kreis Aschendorf, Bezirk Osnabrück, der erste Marderhund bei uns erlegt. In Mitteldeutschland wurde am 9. Oktober 1968 in Tantow bei Gartz, Kreis Angermünde, ein Rüde im Eisen gefangen. Im Winter 1969/70 wurde ein Stück dieses Raubwildes nachts bei Garmisch totgefahren.

Im neuen Verbreitungsgebiet des Marderhundes – er verzichtet dort durchweg auf den Winterschlaf – ist man von seinem Erscheinen wenig beglückt, denn zu seiner Nahrung gehören Fische, mäuseartige Nager, Frösche, Insekten, auch Vögel und deren Eier. Im Frühjahr und Sommer vernichtet er größere Mengen von Junghasen, Vögeln und Gelegen; besonders groß ist sein Schaden beim Auerwild und bei der Wachtel. Weil er auf diese Art der Jagdwirtschaft Schaden verursacht, wurde er durchweg zur ganzjährigen Bejagung freigegeben (so in Mitteldeutschland, Österreich, Polen, Rumänien und auch einigen Bundesländern, wo er auftrat und man, dieses im Rahmen der Tollwutbekämpfung, Abschußprämien auswarf).

Die Ranz des Marderhundes fällt in den Februar/März. Die Fähe trägt 60 bis 64 Tage und wirft im April/Mai bis zu 14 Junge, die am 15. Tage sehend werden und nach 9 bis 11 Monaten fortpflanzungsfähig sind. Der Marderhund schnürt nicht wie der Fuchs, seine Tritte sind unregelmäßig schlingernd. Im einzelnen sind die Zehen fächerartig auseinandergeschoben und nicht so geschlossen wie der sonst ähnliche Fuchstritt.

DER IGEL

Der Igel gehört zu den Tieren, die der Landwirt unbedingt geschont wissen will, von denen der Jäger aber sehr oft annimmt, daß sie der Jagd sehr großen Schaden zufügen. Ob dies in dem Maße zutrifft, wie mitunter angenommen wird, muß – mit Ausnahme von Fasanerien – bezweifelt werden. Zur Zeit steht der Igel außerdem unter Naturschutz und darf nicht getötet werden.

Seinem Gebiß nach gehört er zu unseren Insektenfressern (neben Maulwurf und Spitzmaus), aber er frißt neben den verschiedenen Kerfen, Schnecken und Würmern auch Schlangen und ist ein vorzüglicher Mäusefänger; er sucht aber auch die Gelege der Erdbrüter auf und frißt sie oder fängt die jungen Vögel. Daß er sich an Eiern vergreift, scheint mir daraus hervorzugehen, daß ich einst auf einem mit einem Hühnerei beköderten kleinen Schwanenhals statt des erhofften Marders einen Igel gefangen habe. Außer tierischer Nahrung liebt er aber auch pflanzliche Kost, wie Obst, Pflaumen und Birnen, die er zu seinem „Neste", in dem er vielleicht Junge hat, auf originelle Weise bringen soll. Er sträubt seine Stacheln, wälzt sich auf dem Obst, spießt es mit den Stacheln auf und schleppt es so auf dem Rücken fort; wie er sie von den Stacheln herunterbringen soll, ist mir nicht klar. Die Igel gehören zu den Tieren, die, sobald es kalt wird, in Winterruhe gehen. Hierzu füttern sie sich eine passende Höhlung mit allerlei geeigneten Stoffen aus und, um recht weich und warm zu liegen, auch mit Blättern, die sie auf dieselbe Weise zusammentragen sollen, wie ich es oben vom Obst erzählt habe. Ich bezweifle aber, daß dies einwandfrei beobachtet ist. Da der Igel hiernach bei Schnee nur ganz ausnahmsweise einmal einen Spaziergang macht, so findet man äußerst selten seine Spur, d. h. eine Trittfolge von größerer Ausdehnung. Daher findet der Jäger gewöhnlich nur an weichen Wegstellen nach einem Regenfall das eine oder andere Trittsiegel. Nach diesem ist er aber durchaus sicher anzusprechen, und seine Spur ist von der Spur jedes anderen hier in Betracht kommenden Tieres auf den ersten Blick zu unterscheiden. Der Igel hat nämlich einen „Grabefuß" mit fünf sich in den meisten Trittsiegeln ausprägenden Zehen, die mit langen Grabkrallen bewehrt sind und die er, wenigstens an den Vorderläufen, meistens breit spreizt.

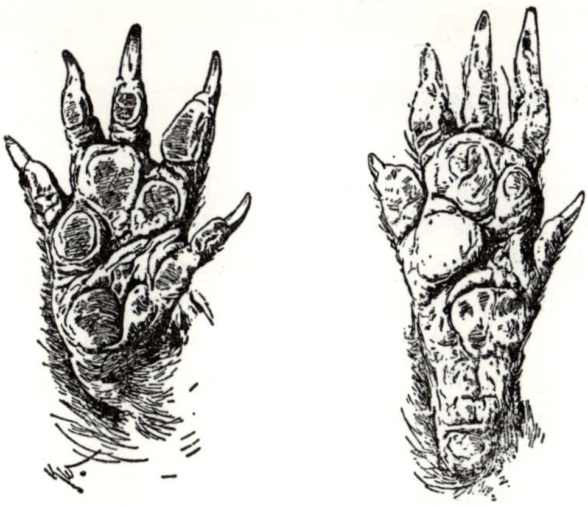

Abb. 99. Pfotensohle des Igels. Links vom Vorderlauf, rechts vom Hinterlauf (vergrößert)

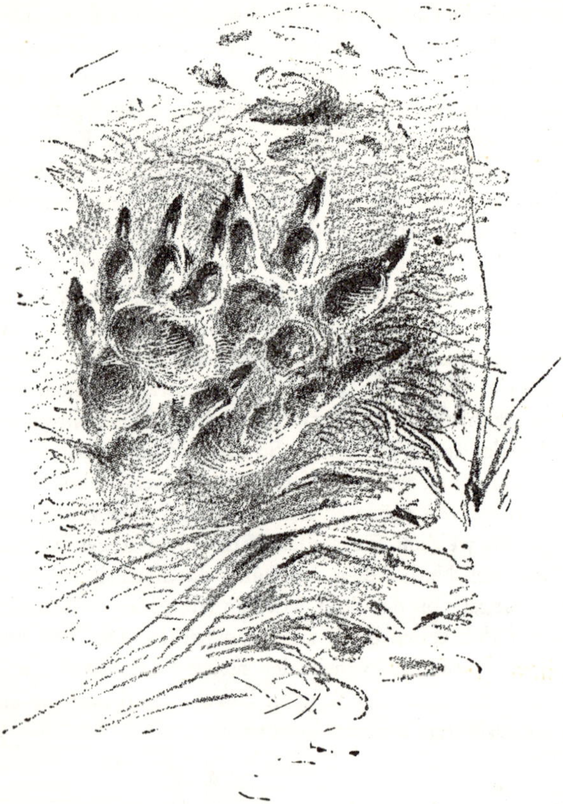

Abb. 100. Trittsiegel des Igels (vergrößert)

Abb. 101
Spur des Igels

Die Vorderpfoten des Igels sind viel stärker als die Hinterpfoten. Ich habe sie bei einem Kapitaligel gemessen, bei dem die Sohle der Vorderpfoten 1,7 cm breit, die der Hinterpfoten nur 1,4 cm breit war. Der Eindruck, den beide machten, ist aber bedeutend größer, als es der Unterschied in Zentimetern ausdrückt. An den Vorderpfoten überragt die Kralle der Mittelzehe um ein weniges die der beiden sich anschließenden. Der Daumen steht sehr weit zurück, nicht ganz so weit die an der entgegengesetzten Seite der Pfote stehende kleine Zehe, so daß das gespreizte Trittsiegel vorn vollkommen rund erscheint. An der Hinterpfote hat der „Zeigefinger" die längste Kralle, dann folgt, um mit der Bezeichnung der Zehen wie bei den Fingern der Hand fortzufahren, der Mittel-, Ring- und kleine Finger, so daß diese sehr schräg vom Zeige- nach dem kleinen Finger hin abfallen. Am weitesten steht auch hier der Daumen zurück.

Der Igel hat eine vollständig unbehaarte Pfotensohle. Die Zehen der Vorderpfoten waren da, wo ich sie abgedrückt fand, also auf weichem Boden, stets gespreizt, während ich die der Hinterpfoten – vielleicht nur zufällig – öfter gezwängt abgedrückt gesehen habe. Am leichtesten ist das Trittsiegel des Igels mit dem des Iltisses zu verwechseln, allein die Ballen sind stärker ausgedrückt und die Krallen sind auch bedeutend länger. An der Spur ist der Igel mit keinem anderen Tier zu verwechseln. Er schränkt stark, aber Vorder- und Hinterpfoten decken sich nicht, sondern stehen etwas nebeneinander. Es ist also ein Kreuztritt vorhanden, so daß man stets beide Pfotenabdrücke sieht. Es werden aber einige Zehenabdrücke der einen Pfote von einigen der anderen bedeckt, wenigstens war eine mindestens 100 Schritt lange, scharf ausgeprägte Spur, die ich auf nacktem Wege unterhalb des Rodenbergs, eines Ausläufers des Harzes bei Hattorf, fand, so beschaffen, während ich auch öfter einzelne Tritte des Vorder- und Hinterlaufes gefunden habe. Bleibt der Igel beim Traben einmal stehen, so findet man drei Tritte in einer schrägen Linie, also so: • • •

W. Riegler, Hainbach, Wienerwald, hat unter 23 Igeln, die er zwischen dem 18. Juli und 29. September fing und wog, gefunden, daß der schwerste 1100 g, der leichteste 370 g wog und das Durchschnittsgewicht 667 g war. Darunter waren solche mit spitzer, andere mit stumpfer Schnauze, was Brehm zwar auch angibt, aber doch nur für eine zufällige Eigenschaft hält. Aber unter den von W. Riegler untersuchten Igeln hatten die einen auch ein aus viel zahlreicheren, kürzeren und feineren Stacheln bestehendes Stachelkleid, bei dem die Stacheln, wie beim gekugelten Igel, dieselbe Richtung aufwiesen, während bei anderen Igeln die wieder zahlreichen, derb gebauten Stacheln wirr durcheinander standen. Unwillkürlich muß ich hierbei doch an Schwuinigel und Hunnigel und Schwuinedachs und Hunnedachs denken, wie in meiner Kinderzeit von den Tagelöhnern sowohl beim Dachs als auch beim Igel zwei verschieden sein sollende Formen genannt wurden. Noch jetzt ist der Glaube an diese Verschiedenheiten im Volke weit verbreitet.

FÄHRTEN, SPUREN UND GELÄUFE IM SCHNEE

Bisher haben wir uns mit Fährten und Spuren befaßt, die auf Spürbahnen, Gestellen, an Feldrändern, Suhlen, kurz dort verhältnismäßig leicht nach den sorgfältigen Aufzeichnungen dieses Leitfadens entweder im Sand, Schlamm oder auf moorigem Untergrund anzusprechen und auszuklügeln waren. Wir haben auch beinahe in jedem Kapitel gehört, daß fast alles Wild, das zur Hohen Jagd gehört, auch das Rehwild und das meiste Raubwild, den „Hasensprung" mindestens zuweilen und in der Flucht machen, und haben erfahren, was Schrank und Schränken ist.

Auf den ab der neunten Auflage erstmalig eingerichteten vier Bildseiten von Fährten, Spuren und Geläufen im Schnee machen wir den Jungjäger und den interessierten Natur- und Wildfreund in etwa mit der Schwierigkeit vertraut, auf dem weiten Weiß des Schnees gewissermaßen wie in einem aufgeschlagenen Buche zu lesen und zu studieren.

Spurschnee! Das ist ein Wort, das den passionierten Waldarbeiter als Kreiser am diesigen Wintertag genauso elektrisiert wie den auf Waidmannsheil hoffenden Forstmann und Jäger. Aber gemach, das Spüren und Fährten ist nicht immer leicht. Sehr oft wird man im hohen Pulverschnee vor Trittfolgen stehen, deren Petschafte bereits eingefallen oder neu eingeschneit sind und die nur nach Art des Ziehens, nach dem Schränken oder nach einem hier und dort deutlicher sich einprägenden Insiegel zu enträtseln sind.

Das Wort „Spurschnee" ist also wörtlich zu nehmen. Eine etwa 5 cm hohe, in sich geschlossene Schneedecke stellt den Idealzustand für das Abfährten und Ansprechen der Insiegel, der Spuren und Geläufe dar. Wesentlich tieferer, schon fußhoher Schnee verlegt uns mehr auf das Klügeln und Rätseln. Zwar ist der geübte Kreiser und Fährtenleser auch dann noch in der Lage, die Fährten von Hirsch und Sau als einzeln ziehende Stücke sicher auseinanderzuhalten, aber bei Hund, Fuchs, Rehwild und Hase treten schon einmal Schwierigkeiten auch für einen erfahrenen Waldläufer auf.

Deutlich prägt sich auf Tafel 1 die Rehfährte ein, an der man das Schränken und Nachziehen eines Hinterlaufes genau erkennt. Kleines Waldmausgeläuf kreuzt dieses interessante Fährtenbild. Unverkennbar ist die Schnür- und Perlspur des Fuchses, wie sie sich, deutlich sichtbar, als Schnur in eiligem Trab, das andere Mal aufmerksam einen Tritt vor den anderen setzend, zeigt (Tafel 2).

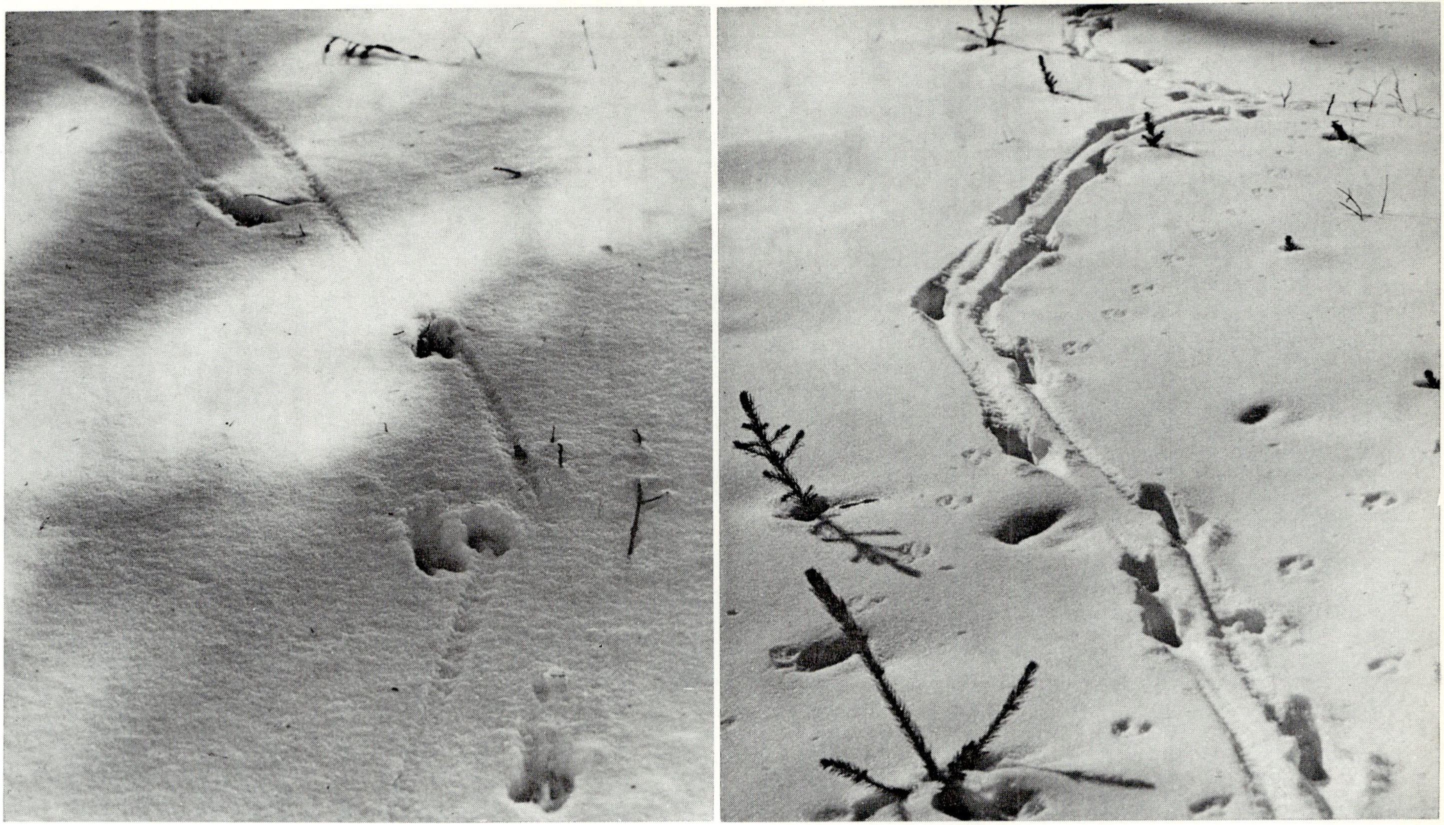

Tafel 1. *Rehfährten von vertraut ziehenden Stücken. Die Wischer im Schnee stammen vom Hinterlauf. Je tiefer der Schnee, desto undeutlicher zwar das Trittsiegel, aber desto deutlicher das Schleifen der Schalen*

Tafel 2. *Links: Spur des vertraut schnürenden Fuchses. Rechts: Spur des leicht trabenden (suchenden) Fuchses*

TAFEL 3. *Oben: Hase, mäßig flüchtig am Hang. Unten: Karnickelspuren, ähnlich denen des Hasen, nur kleiner. Das Spurenbild läßt keinen Schluß auf vorhandenen Besatz zu. Karnickel, immer quecksilbrig, machen viel Spuren*

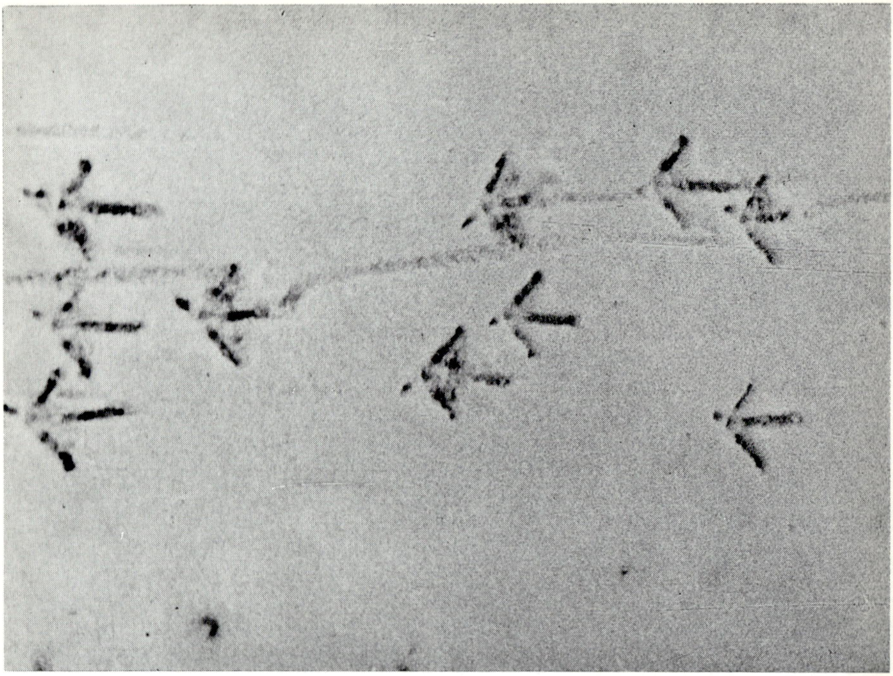

TAFEL 4. *Oben: Geläuf des Fasans. Durch Zehen verursachte Wischer im Schnee. Unten: Rebhuhngeläufe, im tiefen Schnee noch gut ansprechbar. Beim Abstreichen verursachter Schnee Einbruch mit Schwingenschlag*

Das leichteste Insiegel machen mit ihrem Dreisprung der Hase und das Wildkaninchen, das eine, wie wir auch gelesen haben, nur verkleinerte Hasenspur macht. Leicht flüchtig hat Meister Lampe (Tafel 3) am bereiften Graben seine Spur geprägt, während die kleineren Vettern zu mehreren, vorsichtig rückend, auf der Suche nach Äsung waren.

Hoher Schnee zeigt das etwas eingefallene Geläuf der Rebhühner, das auf der linken Seite des Photos etwas lang eingedrückte, also anormal wirkende, Hinterzeheneindrücke wiedergibt. Typisch Rebhuhn ist der dritte Geläufeindruck von rechts oben. Der eingedrückte Schnee im Vordergrund rechts rührt daher, daß die Hühner hier abgestrichen sind und sich mit Wucht abgestoßen und gehoben haben. Der Eindruck der einzelnen Federspitzen einer Schwinge markiert sich deutlich (Tafel 1). Auch das Geläuf des Fasans ist unverkennbar. Die Tritte und Eindrücke sind stärker, die Schrittweite des Geläufs ist größer als beim Rebhuhn. Einwandfrei sieht man auf der Schneedecke auch das Nachziehen der Mittelzehe des einen Ständers des laufenden Vogels.

So bietet die Neue oder der „weiße Leithund“ gar manchen interessanten Einblick in das Leben dessen, was dort draußen kreucht und fleucht.

SCHLUSSBEMERKUNG

Bei der in eine plastische Masse abgedruckten Fährten- und Spurenkunde ist bei jedem Tritt auf einem Zettelchen bemerkt, ob er von der linken oder rechten Seite oder vom Vorder- oder Hinterlauf stammt, und die, die diese Fährtenkunde benutzt haben, haben auch diese Aufschriften kopiert. Für den Naturfreund und den praktischen Jäger halte ich es aber für vollkommen überflüssig. Sie lassen sich auf solche Spitzfindigkeiten nicht ein und begnügen sich damit, wenn sie eine Fährte oder Spur richtig ansprechen können. Bei Schalenwild würden sie bei einem einzelnen Trittsiegel auch lange herumstudieren können, um es festzustellen, und schließlich käme es doch nur aufs Raten an, während es bei einer Fährte natürlich ein leichtes ist. Bei den Trittsiegeln des Raubwildes ist es meistens leichter. Hat ein solches Wild in ihm fünf Zehenabdrücke, so zeigt der Daumen nach der anderen Seite, also von der rechten nach links und umgekehrt.

Hat das Trittsiegel aber nur vier Zehenabdrücke, so verrät öfter der Abdruck des „kleinen Fingers" die Seite, d. h. wenn er weiter zurücksteht als der „Zeigefinger". Ist das der Fall an der rechten Seite des Trittsiegels, so handelt es sich auch um das von der vorderen rechten Pfote.

Wichtiger für den Naturfreund und den Jäger als das Gesagte ist das Ansprechen der Art nach dem Trittsiegel. Ich möchte deshalb hier noch einmal kurz wiederholen, wie man die vom Fuchs, Hund, Wildkatze, Hauskatze, Stein- und Baummarder, Iltis und Igel unterscheiden kann, die alle von gleicher Stärke sein können, wenn die drei zuerst genannten von noch nicht ausgewachsenen, die anderen aber von sehr starken Stücken herrühren. Nur Iltis und Igel drücken fünf Zehen ab, alle übrigen gewöhnlich nur vier.

Der Iltis unterscheidet sich vom Igel dadurch, daß dieser viel längere Grabkrallen und stärkere Zehen als der Iltis hat. Auch sind beim Igel die drei mittleren Zehen gleich lang, beim Iltis nur die Mittelzehe und der Goldfinger.

Die Katzen nageln nicht, während die übrigen Arten nageln. Die Wildkatze setzt die Kleinfingerzehe im Vergleich mit der Zeigefingerzehe weiter zurück als die Hauskatze, bei der die genannten Zehen in gleicher Höhe nach vorn stehen. Das Trittsiegel des Fuchses unterscheidet sich von dem des Hundes dadurch, daß bei jenem die Außenzehenballen nur bis an die Mittelzehenballen reichen, während die des Hundes sich bis zum Drittel der Länge der Mittelzehenballen nach vorn schieben.

Die Ballen des Steinmarders liegen zwar genauso wie beim Fuchs, doch sind sie viel dünner, und der vordere Teil des Pfotenballens ist auch kreisrund, während der des Fuchses fast dreieckig ist. Beim Trittsiegel des Baummarders sind überhaupt keine Ballen ausgeprägt.

Das leichteste Insiegel machen mit ihrem Dreisprung der Hase und das Wildkaninchen, das eine, wie wir auch gelesen haben, nur verkleinerte Hasenspur macht. Leicht flüchtig hat Meister Lampe (Tafel 3) am bereiften Graben seine Spur geprägt, während die kleineren Vettern zu mehreren, vorsichtig rückend, auf der Suche nach Äsung waren.

Hoher Schnee zeigt das etwas eingefallene Geläuf der Rebhühner, das auf der linken Seite des Photos etwas lang eingedrückte, also anormal wirkende, Hinterzeheneindrücke wiedergibt. Typisch Rebhuhn ist der dritte Geläufeindruck von rechts oben. Der eingedrückte Schnee im Vordergrund rechts rührt daher, daß die Hühner hier abgestrichen sind und sich mit Wucht abgestoßen und gehoben haben. Der Eindruck der einzelnen Federspitzen einer Schwinge markiert sich deutlich (Tafel 4). Auch das Geläuf des Fasans ist unverkennbar. Die Tritte und Eindrücke sind stärker, die Schrittweite des Geläufs ist größer als beim Rebhuhn. Einwandfrei sieht man auf der Schneedecke auch das Nachziehen der Mittelzehe des einen Ständers des laufenden Vogels.

So bietet die Neue oder der „weiße Leithund" gar manchen interessanten Einblick in das Leben dessen, was dort draußen kreucht und fleucht.

SCHLUSSBEMERKUNG

Bei der in eine plastische Masse abgedruckten Fährten- und Spurenkunde ist bei jedem Tritt auf einem Zettelchen bemerkt, ob er von der linken oder rechten Seite oder vom Vorder- oder Hinterlauf stammt, und die, die diese Fährtenkunde benutzt haben, haben auch diese Aufschriften kopiert. Für den Naturfreund und den praktischen Jäger halte ich es aber für vollkommen überflüssig. Sie lassen sich auf solche Spitzfindigkeiten nicht ein und begnügen sich damit, wenn sie eine Fährte oder Spur richtig ansprechen können. Bei Schalenwild würden sie bei einem einzelnen Trittsiegel auch lange herumstudieren können, um es festzustellen, und schließlich käme es doch nur aufs Raten an, während es bei einer Fährte natürlich ein leichtes ist. Bei den Trittsiegeln des Raubwildes ist es meistens leichter. Hat ein solches Wild in ihm fünf Zehenabdrücke, so zeigt der Daumen nach der anderen Seite, also von der rechten nach links und umgekehrt.

Hat das Trittsiegel aber nur vier Zehenabdrücke, so verrät öfter der Abdruck des „kleinen Fingers“ die Seite, d. h. wenn er weiter zurücksteht als der „Zeigefinger“. Ist das der Fall an der rechten Seite des Trittsiegels, so handelt es sich auch um das von der vorderen rechten Pfote.

Wichtiger für den Naturfreund und den Jäger als das Gesagte ist das Ansprechen der Art nach dem Trittsiegel. Ich möchte deshalb hier noch einmal kurz wiederholen, wie man die vom Fuchs, Hund, Wildkatze, Hauskatze, Stein- und Baummarder, Iltis und Igel unterscheiden kann, die alle von gleicher Stärke sein können, wenn die drei zuerst genannten von noch nicht ausgewachsenen, die anderen aber von sehr starken Stücken herrühren. Nur Iltis und Igel drücken fünf Zehen ab, alle übrigen gewöhnlich nur vier.

Der Iltis unterscheidet sich vom Igel dadurch, daß dieser viel längere Grabkrallen und stärkere Zehen als der Iltis hat. Auch sind beim Igel die drei mittleren Zehen gleich lang, beim Iltis nur die Mittelzehe und der Goldfinger.

Die Katzen nageln nicht, während die übrigen Arten nageln. Die Wildkatze setzt die Kleinfingerzehe im Vergleich mit der Zeigefingerzehe weiter zurück als die Hauskatze, bei der die genannten Zehen in gleicher Höhe nach vorn stehen. Das Trittsiegel des Fuchses unterscheidet sich von dem des Hundes dadurch, daß bei jenem die Außenzehenballen nur bis an die Mittelzehenballen reichen, während die des Hundes sich bis zum Drittel der Länge der Mittelzehenballen nach vorn schieben.

Die Ballen des Steinmarders liegen zwar genauso wie beim Fuchs, doch sind sie viel dünner, und der vordere Teil des Pfotenballens ist auch kreisrund, während der des Fuchses fast dreieckig ist. Beim Trittsiegel des Baummarders sind überhaupt keine Ballen ausgeprägt.